人としての「道」を大切にする柔《じゅう》道《どう》に一直線

試合前《しあいまえ》には必《かなら》ず一礼する。相手への敬意《けいい》をわすれない

2012年ロンドンオリンピック。
粘《ねば》り強《づよ》く攻《せ》めて技《わざ》を決める

あきらめない心と笑顔《えがお》で、
どんな試練《しれん》も乗りこえてきた

スポーツが教えてくれたこと

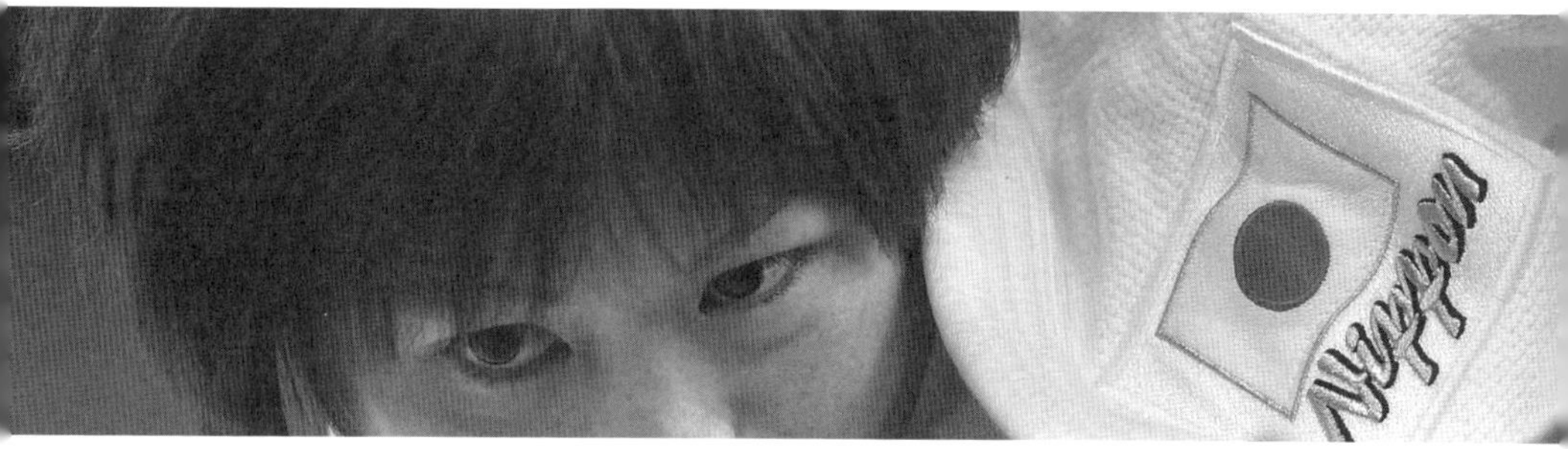

柔道●福見友子

戦《たたか》いを
あきらめない

あかね書房

もくじ

巻《かん》頭《とう》グラビア　柔《やわら》の道に一直線！……1

福《ふく》見《み》友《とも》子《こ》選《せん》手《しゅ》大研究ノート　その1　人《じん》物《ぶつ》紹《しょう》介《かい》……8

福《ふく》見《み》友《とも》子《こ》選《せん》手《しゅ》大研究ノート　その2　実物大の手……10

序　章　福《ふく》見《み》友《とも》子《こ》を知る手がかり……13

第1章　柔《じゅう》道《どう》の魅《み》力《りょく》ってどんなところ？……19

第2章　どうして柔《じゅう》道《どう》を始めたの？……35

第3章　強くなるにはどうすればいいの？……53
第4章　思い出にのこっている試合《しあい》は？……77
第5章　オリンピックに出るためにしたことは？……103
第6章　尊敬《そんけい》する人やライバルはだれですか？……127
終　章　今、できることはありますか？……145

福見友子選手《ふくみともこせんしゅ》
大研究ノート

その1●人物紹介《じんぶつしょうかい》

たんじょう日	1985年6月26日
星座《せいざ》	かに座《ざ》
血液型《けつえきがた》	B型《ビーがた》
出身地	茨城県《いばらきけん》
身長	157cm
体重	……48kg級かな
所属《しょぞく》	学校法人《がっこうほうじん》 了徳寺学園《りょうとくじがくえん》

大学生のころ、イタリア合宿での1枚《まい》。ユニバーシアード大会へ向けた特訓《とっくん》の合間に観光《かんこう》だ！

ニックネーム	ふくちゃん
とくぎ	柔道《じゅうどう》
しゅみ	カフェめぐり
好《す》きな科目	体育、美術《びじゅつ》
苦手な科目	算数
好《す》きなこと	自然にふれること
きらいなこと	じっとしていること
長所	冷静《れいせい》
短所	人見知り
好《す》きな食べ物	おすし
きらいな食べ物	ピータン
動物にたとえると	フクロウ
目標《もくひょう》	日々前進

相手の柔《じゅう》道《どう》着《ぎ》を何百回とつかんだ！

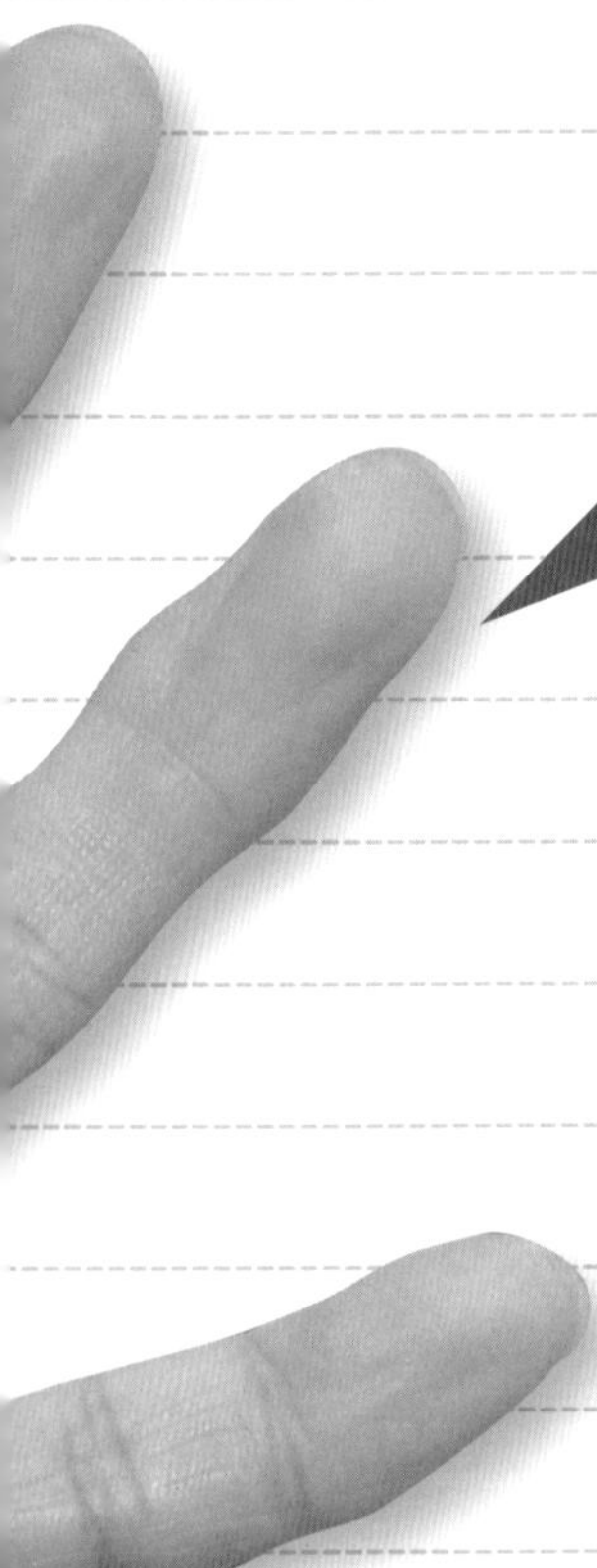

福《ふく》見《み》友《とも》子《こ》選《せん》手《しゅ》大研究ノート その2●実物大の手

きき手：右
柔道《じゅうどう》のときだけ左組。
左手で相手の襟元《えりもと》をつかむ。
あく力：27kg

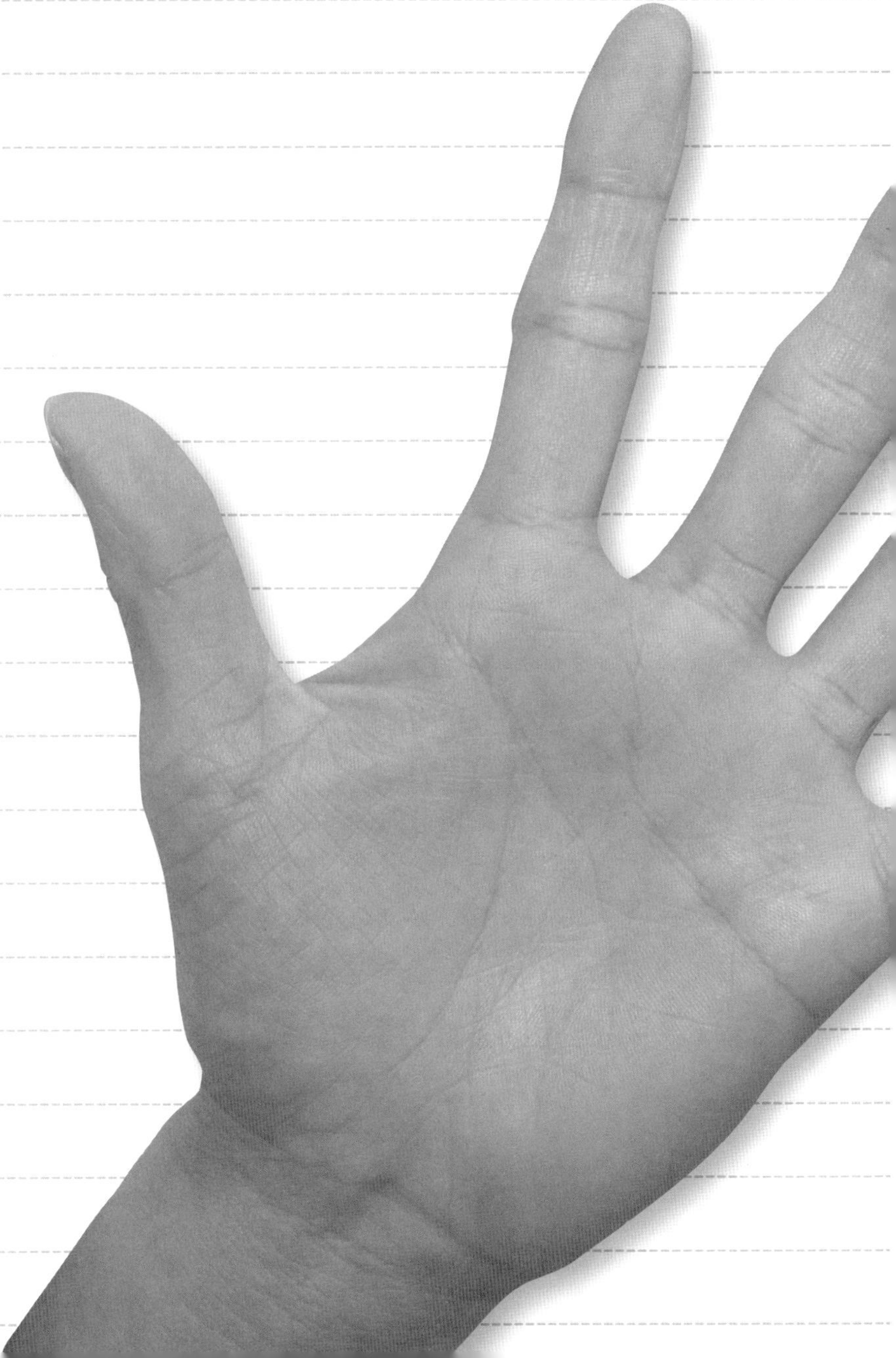

序章

福見友子《ふくみともこ》を知る手がかり

柔道界《じゅうどうかい》でもっとも熱《あつ》い女子48kg級

日本でうまれた柔道《じゅうどう》は、JUDO《ジュードー》として世界中で親しまれている。福見友子選手《せんしゅ》がいる柔道女子《じゅうどうじょし》48kg級は、とくに「柔道界《じゅうどうかい》でもっとも熱《あつ》い」といわれる激戦区《げきせんく》だ。日本で勝ちぬくことのほうが、世界で勝ちぬくことよりもずっとむずかしいと言われている。つまり、日本一になるということは、そのまま世界一になることでもあるのだ。

友子は8歳《さい》で柔道《じゅうどう》を始め、それからずっと「世界一」になることを目標《もくひょう》にがんばってきた。身体的《しんたいてき》な能力《のうりょく》の高さは小さいときからめだっていた。柔道《じゅうどう》を愛《あい》する気持ちは、だれよりも強い。また、自分で「柔道《じゅうどう》一直線」と言うくらいの練習好《ず》きでもある。

友子はどんなふうに柔道《じゅうどう》と出会ったのか。

どんなふうに柔道《じゅうどう》を好《す》きになっていったのか。

どうやって強くなっていったのか。

彼女《かのじょ》がロンドンオリンピックに出るまでの道のりは、決して平たんではなかった。むしろ、だれも想像《そうぞう》がつかないくらいのきびしい道のりを歩いてきている。


友子がこれまでどんな道をたどってきたのか。

どん底《ぞこ》に落ちるたびに、どうやってはいあがってきたのか。

友子が柔道《じゅうどう》を続《つづ》ける理由はなんなのか。

今まで語らなかった本音が、初《はじ》めて明かされる。

柔道《じゅうどう》人生《じんせい》20年　山あり谷あり

友子を知る手がかりとして、中学1年生のときからずっとつけている『柔道《じゅうどう》ノート』がある。

『柔道《じゅうどう》ノート』とは、柔道《じゅうどう》で習ったことや目標《もくひょう》、気づいたこと、なやみごと、好《す》

人生のほとんどを柔道《じゅうどう》にささげてきた友子。彼女《かのじょ》にとって道場は帰るべき場所だ

きな言葉など、いろいろなことを書きとめるノートのことだ。友子が中学生のときに通うことになった道場で、高校生の部員たちが書いているのを見て、まねしてつくり始めた。

これを読むと、友子のたどってきた柔道人生《じゅうどうじんせい》がわかる。

一番わかりやすいのは、文字だ。ノートには丸い文字、ていねいな文字、小さな文字、みだれた文字など、そのときどきで大きさや形のちがう文字が並《なら》んでいる。それだけで、友子が当時味わっていた気持ちや置《お》かれていた状況《じょうきょう》が、生々《なまなま》しく読みとれる。

たくさん書いてあるときは、気分が前向きだったり、波に乗っているとき。色ペンで書かれているときは、新しい発見があったりしてうれしいとき。少ししか書いていないときは、くるしんでいたり、迷《まよ》ったりしているとき。一番なやんでいた時期には、ノートの日付が何日もとんでいる。こんなふうに、『柔道《じゅうどう》ノート』には友子の歴史《れきし》が丸ごとつまっているといってもまちがいではない。

友子が「たからもの」と言って大切にしている『柔道《じゅうどう》ノート』は、現在《げんざい》5冊《さつ》めになる。そして、ロンドンオリンピックという大舞台《おおぶたい》を終えた今も、少しずつ増《ふ》え続《つづ》けている。

『柔道《じゅうどう》ノート』に書かれた大事な思いにもふれながら、福見友子のすべてにせまっていこう。

第1章

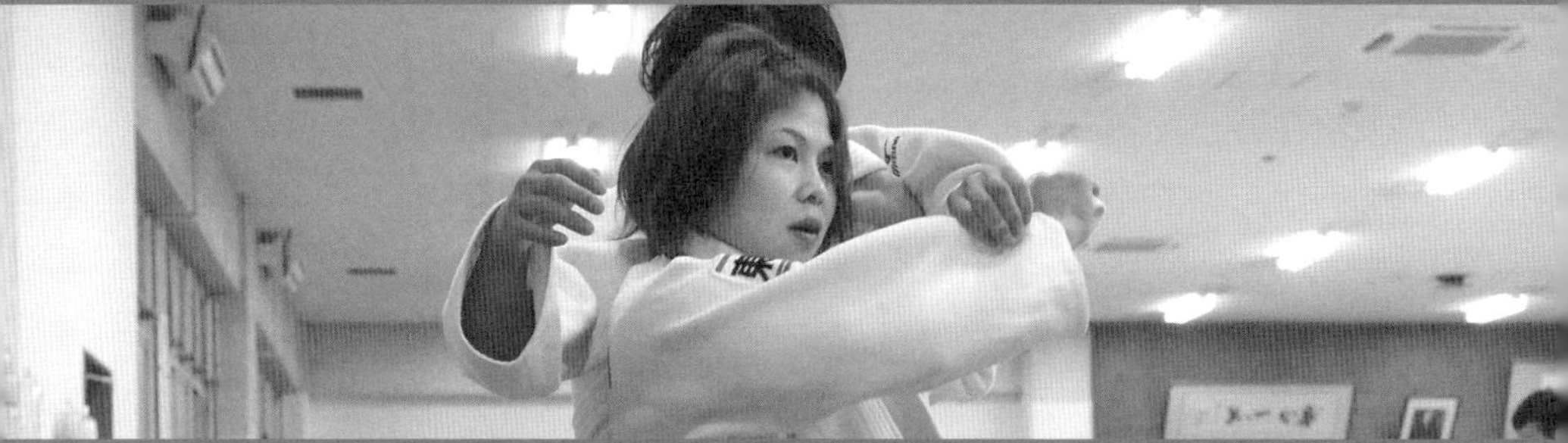

柔道《じゅうどう》の魅力《みりょく》って
どんなところ？

柔《じゅう》道《どう》の魅《み》力《りょく》は六つ！

やっぱり「技《わざ》」をおぼえて、敵《てき》をたおすことです。わたしが柔道《じゅうどう》のとりこになったのも、それが一番大きな理由でした。

柔道《じゅうどう》にはたくさんの技《わざ》があります。それを一つずつ教わって身につけ、試合《しあい》で使えたときは、最高《さいこう》に気持ちがいいです。きれいに技《わざ》が決まると、相手がたたみにたおれるときに、パンという音がします。その音が聞きたくて、何度も練習をしたことを思い出します。最初《さいしょ》に教わったのは「背負《せお》い投《な》げ」でした。今でも、背負《せお》い投《な》げが一番かっこいいし、技《わざ》が決まったときに気持ちいいので好《す》きです。

二つめは、**柔道《じゅうどう》は「強いから勝てる」ものではないこと。**柔道《じゅうどう》には技《わざ》の速さやキレだけでなく、かけひきや試合《しあい》の流れなども大きくえいきょうします。ただ「力が強い」とか「技《わざ》が上手」とか「身が軽い」というだけでは勝てないのです。

つまり、若《わか》い人には若《わか》い人なりの戦《たたか》いかたがあり、年を重ねた人には年を重ねた人なりの戦《たたか》いかたがあるということです。そして、「もうこれでかんぺき」という終わりがありません。そういう意味で、柔道《じゅうどう》は一生続《つづ》けられるスポーツです。

三つめは、**柔道《じゅうどう》には「その人自身」があらわれる点です。**わたしのようにコツコツと努力《どりょく》するタイプの人は、ねばり強い柔道《じゅうどう》をします。一つずつ技《わざ》をつないで、最後《さいご》に敵《てき》をたおします。一方、直感にすぐれたタイプの人は、大技《おおわざ》をスパッと決めます。その代わりに、技《わざ》が思いどおりに決まらないと、あきらめが早いことがあります。柔道《じゅうどう》の試合《しあい》を見て、それぞれの選手《せんしゅ》の人間性《にんげんせい》を想像《そうぞう》してみるのも、楽しみかたの一つです。

柔道《じゅうどう》は技《わざ》と技《わざ》のぶつかりあいであると同時に、人生と人生のぶつかりあいです。たった数分間の戦《たたか》いで、「その人がどう生きてきたか」を問われてしまいます。そういう意味では、相手がいても自分と戦《たたか》っているようなものです。だから、負けられません！

四つめは、**「人を大切にして、うやまう気持ち」が身につくことです。**柔道《じゅうどう》は一人ではできません。相手がいてくれるからこその柔道《じゅうどう》です。

わたしたちは相手をたおしたいという思いで、自分を高めていきます。すると、つい自分のことばかり考えてしまいがちです。けれど、わたしたちが投げているのは「もの」ではなく、「人」です。それをわすれてはいけません。

柔道《じゅうどう》の試合《しあい》を見ていると、勝った選手《せんしゅ》がその場でとびあがってよろこんだり、ガッツポーズをしたりはしないことに気がつくはずです。これは、うれしくないからではありません。自分のよろこびの裏《うら》で、くやしがっている相手がいることを知っているからです。柔道《じゅうどう》で試合《しあい》の前と後に選手同士《せんしゅどうし》で礼を交わすのは、戦《たたか》ってくれる相手に対する、敬意《けいい》のあらわれです。

五つめは、**「相手の痛《いた》み」がわかるようになることです**。ふだんの練習では、何度もたたみに投げられます。また、試合《しあい》でがんばっても負けることがあります。そういう体験《たいけん》をとおして、体の痛《いた》みや心の痛《いた》みを知っていきます。

わたしたちはそうした痛《いた》みを知っているから、相手をたおすとき、なるべくけがをしないように、また、相手が受身をとりやすいように、考えて技《わざ》をかけます。それは、手をぬくということではなく、相手への思いやりです。

自分がけがをせず、相手の痛《いた》みを知り、けがをさせないために、受身の練習は欠《か》かせません。部活動や授業《じゅぎょう》などで柔道《じゅうどう》をするときは、しっかり受身の練習をしてほしいと思います。

六つめは、これは柔道《じゅうどう》にかぎりませんが、「負け」は「終わり」ではありません。そこから立ちあがって勝つための「始まり」です。負けから多くのことを学べる点が、わたしが柔道《じゅうどう》を辞《や》められない理由でもあります。

柔道《じゅうどう》にはほかにもいろいろな魅力《みりょく》があります。たとえば、仲間《なかま》ができたり、体が強くなったり、根気強くなったりします。試合《しあい》で勝てれば、自信《じしん》がつきます。つらいこと、悲しいこと、たくさん経験《けいけん》してきました。これからもくるしいことが待っているかもしれませんが、全部わたしの一部となり、わたしを成長《せいちょう》させてくれるはずです。だから、わたしは一生、柔道《じゅうどう》を好《す》きでいられると思います。

柔道《じゅうどう》のおもしろさや魅力《みりょく》を知るには、やってみるのが一番です。もっと多くの人が柔道《じゅうどう》に親しんで、柔道《じゅうどう》を好《す》きになってくれたらうれしいです。

柔《じゅう》道《どう》は人間まるごと成《せい》長《ちょう》させる

スポーツの世界では、「心《しん》技《ぎ》体《たい》」という言葉がよく使われる。「心」とは精神力《せいしんりょく》のこと。「技」とは技術《ぎじゅつ》のこと。「体」とは体力をあらわす。つまり、

何事にも負けない心

みがかれた技《わざ》

けがをしない体

この三つがそろって初《はじ》めて、強くなれるという意味だ。これは柔道《じゅうどう》でも同じだ。

まず、技《わざ》は道場で何度も練習をくり返し、てってい的《てき》に体におぼえさせる。

福見友子は、「柔道《じゅうどう》の一番のおもしろさは、技《わざ》をおぼえることとです」と言っている。相手を投げたり、足をはらってたおしたり、上に乗っておさえこんだり、関《かん》節《せつ》を固《かた》めたりなど、柔道《じゅうどう》にはたくさんの技《わざ》がある。たとえば、相手の足を引っか

けたり、はらったりするのを「足技《あしわざ》」というが、これだけで21種類《しゅるい》もあるのだ。

たくさんある技《わざ》のなかから自分の得意《とくい》な技《わざ》を見つけて特訓《とっくん》していく。全部の技《わざ》をひととおりおぼえるだけでも、何年かかるかわからない。一生かけてもやりつくせない人がほとんどなのだ。

友子の中学・高校時代の柔道部《じゅうどうぶ》の先生である落合正利《おちあいまさとし》監督《かんとく》は、「福見は技《わざ》を自分のものにするのが早い」と言っている。

「ふつうの柔道選手《じゅうどうせんしゅ》は、一つの技《わざ》を教わってから使いこなせるようになるまで、1年くらいかかる。ところが、福見は1週間でものにしてしまう」

一つ技《わざ》を教わると、一つ階段《かいだん》をのぼったようでうれしくなる。もっと新しい技《わざ》が教わりたくて、練習が楽しみになる。それは、ゲームの主人公が新しい必殺技《ひっさつわざ》をおぼえていく感覚《かんかく》と近いかもしれない。ただ、ゲームとちがって柔道《じゅうどう》のほうは、本当に自分自身が強くなるため、その達成感《たっせいかん》はもっと大きくなる。

次に、体を強くするには、ふだんからしっかり食べたり、運動して、病気やけ

友子が一番好《す》きな背負《せお》い投げの練習。何度か背負《せお》って勢《いきお》いをつけてから投げる

がをしないよう注意することが必要《ひつよう》だ。友子は小さいときから体を動かすのが大《だい》好《す》きで、なんでも好《す》ききらいなく食べた。そういう点では、自然《しぜん》に強い体ができたともいえる。

しかし、一流の選手《せんしゅ》になるには、もってうまれた才能《さいのう》や体質《たいしつ》だけではやっていけない。やはり専門的《せんもんてき》なトレーニングが必要《ひつよう》になってくる。友子の場合は、体幹《たいかん》といわれる部分を強くすることを心がけている。

人間の体を木にたとえると、手や足は「枝《えだ》や葉や根」にあたる。胸《むね》やお腹《なか》やおしりは「幹《みき》」にあたる。つまり、胴体《どうたい》の部分にある筋肉《きんにく》が体幹《たいかん》だ。腹筋運動《ふっきんうんどう》をしたり、トレーニング用のボールを使って上半身の回転運動をしたり、相撲《すもう》の「しこ」をふんだりすると体幹《たいかん》がきたえられる。

友子は48kg級という一番軽い階級の選手《せんしゅ》だ。そのため、うでや足をムキムキにきたえることはできない。筋肉《きんにく》は重いので、増《ふ》やしすぎると体重オーバーになって試合《しあい》に出られなくなってしまうからだ。だから、体幹《たいかん》を強くする。

体幹《たいかん》が強くなると、相手がぶつかってきてもフラフラしにくくなる。また、技《わざ》を決めるときの〝最後《さいご》のひとおし〟が強くなる。

竹みたいな、細くてもしなやかでバネのある木は、強い風がふいても折《お》れにくい。それと同じように、友子もしなやかでバネのある体をめざしている。自分の体と向きあって、理想の体に近づいていくことも、楽しみの一つだ。

では、心を強くするにはどうすればいいか？

心は技《わざ》の上達《じょうたつ》や筋力《きんりょく》の強さのように、目で見ることも、数字にすることもできない。だから、きたえるのがむずかしいと思われがちだ。

しかし、心をきたえる方法《ほうほう》は意外に単純《たんじゅん》。

それは「いろんな経験《けいけん》をする」ことにつきる。

たくさんの人と出会ってふれあうことが、心を成長《せいちょう》させる。

本を読むことでも人生経験《じんせいけいけん》がつめる。友子も読書が好《す》きで、ふだんから本を読む。とくに柔道《じゅうどう》がうまくいかずになやんだときなど、小説《しょうせつ》や実用書などスポーツ以外《いがい》の本からも多くのヒントをもらってきた。

心はいろいろな経験《けいけん》をして、自分を見つめたり、人から学んだりしていくことでしか強くなっていかない。つらいことからにげたり、くるしいことを後まわしにしたり、めんどうなことを人にやってもらっていては、心は幼《おさな》くて弱いままなのだ。

自分からいやなことをすすんでやったり、困難《こんなん》なことにチャレンジしたりしていくと、大きく成長《せいちょう》できる。

柔道《じゅうどう》ではとくに、「負ける」という経験《けいけん》も大切だ。負けることで、自分にたりないものが見えてくるからだ。

自分の弱点や、たりないところをなおして、試合《しあい》に勝てたら「柔道《じゅうどう》をやっていてよかった!」と思う瞬間《しゅんかん》がやってくる。

その瞬間《しゅんかん》を求《もと》めて、多くの柔道家《じゅうどうか》が自分自身をきたえている。

このように、柔道《じゅうどう》の最大《さいだい》の魅力《みりょく》は、「心技体《しんぎたい》」、つまり、人間まるごと成長《せいちょう》できるところなのだ。

体が小さくても大きな敵《てき》をたおせる

「柔《じゅう》よく剛《ごう》を制《せい》す」ということわざがある。「柔《じゅう》」とは、「やわらかい」という意味の漢字だ。「剛」とは、「つよい」とか「かたい」という意味の漢字だ。つまり、「やわらかいものは、そのしなやかさによって、かたくて強いものをおさえつけることができる」という意味になる。

柔道《じゅうどう》の特性《とくせい》は、この「柔《じゅう》よく剛《ごう》を制《せい》す」という言葉によくあらわれている。相手の力を利用《りよう》して相手をたおすのが柔道《じゅうどう》だ。国際大会《こくさいたいかい》で、体の小さな友子が体の大きい外国人選手《せんしゅ》を投《な》げとばせるのは、このためだ。

柔道《じゅうどう》はただのスポーツではない

スポーツは「相手に勝つ」のが第一の目的《もくてき》だ。しかし、柔道《じゅうどう》の場合は、そこに「相手をうやまう心を育てる」という目的《もくてき》が加《くわ》わる。

柔道《じゅうどう》の「道」というのは、「人の道」だ。人間としての正しさや他人への思いやりを身につけ、自分らしい生きかたをすることが、柔道《じゅうどう》のもう一つの大きな目的《もくてき》だといえる。

柔道《じゅうどう》ではひきょうな手を使って勝つことを「よし」とはしない。「人としてはずかしいこと」と考えてきらう。

山下泰裕《やましたやすひろ》という柔道家《じゅうどうか》がいる。203連勝《れんしょう》、外国人選手《せんしゅ》を相手に一度も負けたことがないなどの大記録《だいきろく》をもつ人物で、国民栄誉賞《こくみんえいよしょう》というりっぱな賞《しょう》もおくられている。少し古い話になるが、その山下選手《やましたせんしゅ》が1984年のロサンゼルスオリンピックに出たときのことだ。

山下選手《やましたせんしゅ》は右足に肉ばなれを起こし、ほぼ左足一本で戦《たたか》っていた。相手を投げることなど、とうていできない。そんな山下選手《やましたせんしゅ》の状態《じょうたい》を知って、決勝戦《けっしょうせん》の相手であるモハメド・ラシュワン選手《せんしゅ》（エジプト代表）は、山下選手《やましたせんしゅ》の右足ばかりを攻《せ》めることはしなかった。

そして、結局《けっきょく》、抑込技《おさえこみわざ》にもちこまれて山下選手《やましたせんしゅ》に負けて銀メダルに終わってしまった。

このとき、なぜ右足をあえて攻《せ》めなかったのかと聞かれて、ラシュワン選手《せんしゅ》はこうこたえている。

「それはわたしの信念《しんねん》に反する。そんなふうにして勝ちたくなかった」

これを聞いて、世界中が感動した。後にラシュワン選手《せんしゅ》は、公正な勝負をしたということで、国際連合教育科学文化機関《こくさいれんごうきょういくかがくぶんかきかん》（ユネスコ）の国際《こくさい》フェアプレー委員会から「フェアプレー賞《しょう》」をおくられている。

ラシュワン選手《せんしゅ》は、勝負の勝ち負けよりも、人間にとってもっと大切なものを知っていたのだ。「試合《しあい》にはやぶれても、人生では負けない」という生きかたが、世界中の人々の心をうった。柔道《じゅうどう》とはすばらしいスポーツなのだと、人々に気づかせてくれた。

これは友子が言う「わたしは柔道《じゅうどう》をとおして、人をうやまう気持ちを知りました」という言葉と同じだ。相手がいるから戦《たたか》える、相手がいるから自分が成長《せいちょう》できるということなのだ。

柔道《じゅうどう》には終わりがない

友子は柔道《じゅうどう》について、こんなふうにも言っている。

「始めたころは技《わざ》をおぼえて相手をたおすのが楽しみでした。でも、長く続《つづ》けるにつれて、相手に勝つことより、自分が成長《せいちょう》していくことのほうが楽しくなっていきました。今は自分が人として、柔道家《じゅうどうか》として、どこまで強くなれるのかを見きわめてみたいです」

この言葉には、二つの意味がこめられている。

一つは、柔道《じゅうどう》はその上達《じょうたつ》のレベルごとに、ちがった魅力《みりょく》があるということだ。技《わざ》が増《ふ》えていくおもしろさ、相手より強くなる快感《かいかん》、昨日《きのう》できなかったことが今日できるようになる達成感《たっせいかん》。そういうものをこえていくと、自分が成長《せいちょう》するじゅうじつ感や、仲間《なかま》とともに戦《たたか》う楽しさなどを味わうことができる。

もう一つは、柔道《じゅうどう》には「ゴールがない」ということだ。どこまでやっても「もうこれでいい」という終わりがない。だから、「好《す》き」という気持ちがあれば、一生《い》き続《つづ》けていくことができる。

ただし、一つのものを好《す》きでい続《つづ》けるのは、思いのほかむずかしい。失敗《しっぱい》やざせつがあると、にげたくなることだってある。

だが、友子は言う。

「柔道《じゅうどう》を好《す》きでいるひけつは、柔道《じゅうどう》を続《つづ》けることだ」

ある大きな試合《しあい》で負けた後、友子は何もかもわすれたくて、柔道《じゅうどう》を遠ざけようとしたことがある。旅行にも行った。だが、最後《さいご》には道場に帰ってきた。

「柔道《じゅうどう》からはなれても、結局《けっきょく》はいろいろと考えてしまうんです。むしろ、柔道《じゅうどう》をしているときのほうが、何もかもわすれられます。相手をたおすことにだけ集中しているとじゅうじつ感があって、あせといっしょに苦しいことも悲しいことも流れていくみたいです。われながら根っからの柔道家《じゅうどうか》だなと思います」

柔道《じゅうどう》は、友子にとって「帰ってくる場所」になっている。自分が一番自分らしくなれるのが道場だからだ。それは、ほかの何ものにも変《か》えられない。

第2章

どうして柔道《じゅうどう》を始めたの？

柔道《じゅうどう》教室を見学したのがきっかけ

わたしが柔道《じゅうどう》を始めたのは、小学2年生の秋ごろです。**母親につれられて、近所の柔道《じゅうどう》教室を見学しに行ったのがきっかけです。**

ちょうどそのとき、自分と同じ年ごろの子どもたちがたくさん集まって、楽しそうにマット運動をしていました。柔道《じゅうどう》のけいこのための準備運動《じゅんびうんどう》です。わたしは保育園《ほいくえん》にいたときからマット運動が大の得意《とくい》だったので、「自分もやりたい！」とウズウズしました。それで、すぐに「わたしもここに通う！」と言ったのです。

柔道《じゅうどう》教室に通いだすと、最初《さいしょ》に習うのは受身ばかりでした。ほかの子どもたちが投げ技《わざ》などを気持ちよさそうにやっている横で、新入りのわたしだけ来る日も来る日も、先生にたたみに投げられる日が続《つづ》きました。「受身はケガをしないための大事なこと」と頭ではわかっていても、体は痛《いた》いし、同じことのくり返しであきるしで、ちっとも楽しくありませんでした。「こんなこと、いつまでやらなくちゃいけないんだろう。早くみんなにまじって投げ技《わざ》がしたい」とばかり考えていました。

柔道《じゅうどう》が楽しくなってきたのは、少しずつ体が柔道《じゅうどう》になれてきて、受身も上手にとれるようになり、技《わざ》を教えてもらえるようになってからです。受身がうまくなると、投げられてもあまり痛《いた》くありません。それに、いろいろな技《わざ》をおぼえていくのがとてもおもしろかったんです。

記憶《きおく》にのこっている一番古い柔道《じゅうどう》の試合《しあい》は、お正月に道場で開かれた試合《しあい》です。柔道《じゅうどう》を始めて数か月しかたっていないころでした。試合《しあい》は道場生同士《どうじょうせいどうし》で対戦《たいせん》して、勝つとおもちをもらえるルールでした。

わたしは同学年の女の子をがむしゃらにおさえこんで勝利《しょうり》し、ごほうびのおもちをもらって大よろこびしました。

同じ柔道場《じゅうどうじょう》には女の子がたくさんいて、わたしと同じ年で県大会《けんたいかい》で優勝《ゆうしょう》するような子もいました。その子は体格《たいかく》も大きく、本当に強くて、わたしは心のなかで勝手にライバルだと見ていました。思えば、彼女《かのじょ》がわたしの柔道人生《じゅうどうじんせい》で初《はつ》のライバルです。

すぐに柔道《じゅうどう》のとりこになったわたしは、次の練習日が待ち遠しいほどでした。3年生になるころには、すっかり生活の中心が柔道《じゅうどう》になっていました。

ときには、「友だちと遊びたいな」と思うこともありました。でも、柔道《じゅうどう》のことを思い出すと、いても立ってもいられなくなるのです。「強くなりたい」という気持ちに背中《せなか》をおされるように、家へ走って帰ったことが何度もあります。

道場の先生のうちの一人が、練習日とは別《べつ》にわたしだけをよんで個人練習《こじんれんしゅう》をしてくれました。練習はすごくしんどいものでした。

でも、柔道《じゅうどう》にはまってからは、一度も「辞《や》めたい」と思ったことはありません。それよりも「強くなりたい」という思いでいっぱいでした。

小学校高学年になると、いろいろな大会に出るようになりました。「大会で優《ゆう》勝《しょう》する」という目標《もくひょう》ができて、わたしの柔道熱《じゅうどうねつ》はますます高くなりました。

小学5年生のときのことです。わたしは初《はじ》めて関東大会《かんとうたいかい》に出場しました。

そこでわたしは、今まで自分が見てきた試合《しあい》と全くちがうレベルの試合《しあい》がくり広げられているのを見て、強いショックをうけました。まるで自分がやってきた柔道《じゅうどう》が「遊び」に思えるほど、目の前の試合《しあい》は技《わざ》がするどく、気合のこもった真《しん》剣《けん》勝負でした。本気の迫力《はくりょく》がビンビンと伝《つた》わってきました。

わたしはこれまでも精《せい》いっぱいに柔道《じゅうどう》をやってきたつもりでした。

でも、それではあまかったのです。「自分がやってきたレベルなんて、この子たちの足もとにもおよばない。わたしは世間を知らない井《い》のなかの蛙《かわず》だった」と気づきました。

はっきりと「上をめざす」ことを意識《いしき》したのは、この瞬間《しゅんかん》です。わたしは優勝《ゆうしょう》台《だい》に立つ同じ年の女の子を見つめて、「もっと強くなって、あの子に勝つ」と心にちかいました。ちなみに、その女の子というのは、52kg級の柔道《じゅうどう》女子日本代表にもなった西田優香《にしだゆうか》さんです。

その日から、わたしは自分より強い相手をどんどん求《もと》めるようになりました。

これまで通っていた道場とは別《べつ》の道場にもかけもちで練習に行くようになりました。

家から遠くはなれた道場まで車で送り続《つづ》けてくれた母のがんばりには、本当に頭のさがる思いです。

だから、その母の気持ちをむだにしないためにも、よりいっそう練習をがんばりました。

マット運動が大好《だいす》きだった保育園《ほいくえん》のころ

友子は銀行員の父・茂《しげる》と、母・早苗《さなえ》の間に次女としてうまれた。3人兄妹の末《すえ》っ子で、6歳《さい》上の兄と3歳《さい》上の姉がいる。小さいころの友子は、とんだりはねたりするのが好《す》きな、活発な子どもだった。

そんな友子を見て、両親は「この子の運動神経《うんどうしんけい》をのばしてあげたい」と考えた。

ちょうどそのころ、茂《しげる》は「まつぼっくり保育園《ほいくえん》」を知った。そこは、子どもの運動能力《うんどうのうりょく》やリズム感を大切にする保育園《ほいくえん》として人気だった。茂《しげる》は「友子に向いている」と考えた。

ところが、友子が3歳《さい》になる直前、茂《しげる》は交通事故《こうつうじこ》で突然亡《とつぜんな》くなってしまう。

早苗《さなえ》は友子を、まつぼっくり保育園《ほいくえん》に通わせることをためらった。まだ小学校低学年《ていがくねん》の長男と長女がいることを考えると、往復《おうふく》1時間もかかる遠い保育園《ほいくえん》に通うのは大変《たいへん》だ。長男と長女が通った地元の保育園《ほいくえん》なら歩いて通うことができる。しかし、早苗《さなえ》は「まつぼっくり保育園《ほいくえん》に通わせることが、死んだ夫《おっと》の最後《さいご》の願《ねが》いだった」と考えなおし、おもいきって友子を入園させる。

自宅《じたく》からはなれた保育園《ほいくえん》に知りあいはいない。人見知りであまえんぼうなところのある友子は、最初《さいしょ》「お母さんといっしょに帰りたい」となみだ声になったが、すぐになれて友だちがたくさんできた。そして、あっという間に保育園一《ほいくえんいち》のわんぱくな女の子になっていった。

友子は当時の自分をふり返って、「野性児《やせいじ》みたい」と表現《ひょうげん》する。男の子も女の子も年長クラスも年少クラスも関係《かんけい》なく、みんなでパンツ一丁になってどろダンゴをぶつけあいながら、はしゃぎまわっていた。

なかでも友子が大好《だいす》きだったのは、柔道《じゅうどう》を始めるきっかけにもなったマット運動だ。このころすでに前方回転とびや側転《そくてん》をこなしていた。「クルクル回るのがただ楽しくて、こわいとか、ケガしたらどうしようとか、考えたことはなかった」

小さいころからスポーツ万能《ばんのう》!　かけっこは1位《い》

　このマット運動が、後に柔道家《じゅうどうか》として必要《ひつよう》になる体の強さや、やわらかさ、バランス能力《のうりょく》の土台をつくったといえる。

　ほかにも、保育園《ほいくえん》でコマを習うと、まわせるようになるまで何度でも家で練習した。また、竹馬も友だちと競《きそ》うように乗った。

　まつぼっくり保育園《ほいくえん》では、竹馬の材料《ざいりょう》を子どもたちにあたえて、自分たちで手作りさせた。友子はだれよりも高い竹馬に乗りたくて、足置《あしお》きの位置《いち》をおとなの頭よりも高くした。まず高い台にのぼって、そこからヒョイと竹馬にうつり、長い竹の足で大またに歩くのだ。みんなを見おろして得意《とくい》げに笑《わら》う友子の姿《すがた》が目にうかんでくるようだ。

練習したコマや竹馬を園児《えんじ》の親たちに見せる発表会もあり、彼女《かのじょ》のやる気に火をつけた。このころから、負けずぎらいで、人一倍のこり性《しょう》だったことがよくわかる。

こうして友子は保育園《ほいくえん》で体を動かすことの楽しさを知り、一つのことに熱中《ねっちゅう》する集中力や、何事にもおそれずチャレンジする度胸《どきょう》を身につけたのだ。

小学校でのあだ名は「スーパー福見」

小学校は地元の土浦市立大岩田小学校《つちうらしりつおおいわたしょうがっこう》に進学した。一番得意《いちばんとくい》だった教科は、もちろん体育だ。

たとえば、授業《じゅぎょう》でマット運動やとび箱《ばこ》などがあると、必《かなら》ず先生に「福見さん、お手本にやってみて」と指名される。そこで友子がかんたんそうにやって見せると、クラスメイトたちから「すごい！」とはく手や歓声《かんせい》がわき起こった。

そのうち、友子はその運動神経《うんどうしんけい》のよさから「スーパー福見」とよばれて、ヒーローあつかいされるまでになる。

柔道《じゅうどう》と出会ったのも、このころだ。以前《いぜん》から運動が好《す》きな友子に何かスポーツをやらせたいと考えていた母が、新聞で柔道《じゅうどう》の道場をさがして、友子をつれて行ったのだ。

柔道《じゅうどう》は中学生以上《ちゅうがくせいいじょう》になると、体重によって階級がわかれる。同じくらいの体重《たいじゅう》同士《どうし》で対戦《たいせん》する柔道《じゅうどう》なら、体の線が細く、背《せ》の小さい友子でも負けないと考えてのことだった。

母のすすめで始めた柔道《じゅうどう》だったが、友子はまたたく間にその魅力《みりょく》にのめりこんでいった。放課後《ほうかご》はまっすぐ家に帰り、母の車で道場へ。そして、2時間半みっちり練習をして、クタクタになって母の待つ車へもどっていく。そんな毎日だった。

柔道《じゅうどう》の大会にもたくさん出るようになった。道場で仲間《なかま》に勝つことから、大会で勝つことに目標《もくひょう》が変《か》わった。勝つと「次も!」と燃《も》えた。負けると「次こそは！」と、勝ったとき以上《いじょう》に燃《も》えた。

母はどんな小さな大会でも必《かなら》ず会場に来て、だれよりも一生けんめいに声援《せいえん》を送ってくれた。そして、友子といっしょになってよろこんだり、くやしがったりしてくれた。

また、学校で試合《しあい》の様子を報告《ほうこく》すると、友だちや先生が「すごいね」とほめてくれるのもうれしかった。そうしたまわりの人たちの応援《おうえん》が、友子にとって大きなはげみになった。

好奇心《こうきしん》が強かった友子は、柔道《じゅうどう》以外《いがい》のこともやりたいと思ったことがある。兄の俊彦《としひこ》のえいきょうでバスケットボールに興味《きょうみ》をもち、放課後《ほうかご》に小学校の体育館で行われるミニ・バスケットボールのチームに参加《さんか》しようとした。だが、柔道《じゅうどう》との両立はむずかしかった。仮《かり》に練習には出られても、試合《しあい》には柔《じゅう》道《どう》と重なるため出られないことがわかっていた。

姉の千晴《ちはる》のえいきょうで始めた金管楽器《きんかんがっき》のバンドでは、打楽器《だがっき》のパートをまかされた。でも、本当は、友子がやりたかったのは指揮者《しきしゃ》だった。全員の前でどうどうと指揮棒《しきぼう》をふる姿《すがた》が、かっこうよく見えたからだ。

でも、柔道《じゅうどう》のおかげで体がしっかりしている友子を見て、先生から打楽器《だがっき》をすすめられた。打楽器《だがっき》は重いたいこをかかえて演奏《えんそう》しなくてはならないため、力がいるのだ。

自分のやりたかったこととはちがっても、一度やり始めると熱中《ねっちゅう》するのが友子のよいところだ。友子は楽器《がっき》の練習にもまじめにとり組み、小学校3年生から6年生までの3年間、金管《きんかん》バンドの打楽器《だがっき》をやり通した。

友子は「このころ音楽を通して身についたリズム感が、柔道《じゅうどう》にも役立っている」と言う。相手に技《わざ》をかけるときの足の動きや、相手が技《わざ》をかけてきたときにそれを外すタイミングなど、いろいろなところでリズムが大切になる。

音楽と柔道《じゅうどう》は全くかけはなれているように見えて、じつは、深いところでつながっている。世の中には、そういうことがいっぱいあるのだ。

だから、好《す》きなことも、そうでないことも区別《くべつ》しないで、なんでも経験《けいけん》してみることが大事なのだと、友子は思っている。

初《はじ》めての関東大会《かんとうたいかい》！

友子はその努力《どりょく》のかいあって、めきめきと力をつけ始めた。そして、少年柔道《しょうねんじゅうどう》大会《たいかい》でも勝ちすすむようになる。少年柔道大会《しょうねんじゅうどうたいかい》とは、毎年1回開かれる小学5・6年生を対象《たいしょう》とした大きな大会だ。

土浦市《つちうらし》の大会で勝つと茨城県南大会《いばらきけんみなみたいかい》に進むことができ、そこで勝つと次の茨城《いばらき》県大会《けんたいかい》へ出場することができる。その先には関東大会《かんとうたいかい》がある。

友子が出場できる大会のなかでは、関東大会《かんとうたいかい》が一番大きく、そこでの優勝《ゆうしょう》がめざすべき頂点《ちょうてん》だった。

いくつもの試合《しあい》を勝ちぬいてきた者だけが立つことのできる、関東《かんとう》大会の会場。そこに、小5の友子は初《はじ》めて来た。母と二人、いつもの試合《しあい》の延長《えんちょう》のようなつもりでいた。

ところが、いざ会場に来てみると、いつもとはぜんぜんちがう光景《こうけい》がそこに広がっていた……！

自分よりも上手な子が、負けて泣《な》いている。精《せい》いっぱい戦《たたか》って負けた子どもを、きびしい調子でしかりとばす親がいる。どの選手《せんしゅ》も闘争心《とうそうしん》をむき出しにしている。ピリピリとはりつめた空気が、とがった針《はり》のように友子の体につきささった。となりにいる母も、「すごいところに来てしまった」というように、言葉を失《うしな》っていた。

優勝《ゆうしょう》する気満々《きまんまん》だった関東大会《かんとうたいかい》で、友子は3位《い》にも入れなかった。あぜんとした。そして、今まで自分がやってきた練習では、まだまだたりないことを思い知った。

自分より何倍も強い相手がたくさんいることを目《ま》のあたりにして、友子は思った。「もっと強くなってやる!」と。不思議《ふしぎ》なことに、「自分が勝てないかもしれない」とは少しも思わなかった。「きっと練習すれば勝てる。もっと強くなれる」と、友子は信《しん》じていた。

そして、自分より強い相手がいることが心の底《そこ》からうれしかった。目標《もくひょう》があるかぎり、柔道《じゅうどう》にたいくつすることはないからだ。

新たな対戦相手《たいせんあいて》をさがして

すでに通っている道場で一番強くなっていた友子は、練習でも、もっと強い相手と戦《たたか》いたいと考えるようになった。

その気持ちをいち早く理解《りかい》し、新しい柔道場《じゅうどうじょう》をさがしてくれたのは早苗《さなえ》だった。知りあいから情報《じょうほう》を集め、家から通えるなかで一番レベルが高い道場へ友子を通わせてくれた。

これまで通っていた道場とのかけもちが始まった。ただでさえ柔道《じゅうどう》づけの毎日が、さらに柔道一色《じゅうどういっしょく》になった。

千葉県柏市《ちばけんかしわし》にある道場まで、高速道路を使って車を走らせても、片道《かたみち》で40分はかかる。高速道路は有料《ゆうりょう》でとおるたびにお金がかかるため、帰りはふつうの道路を走った。すると、1時間以上《じかんいじょう》かかってしまう。往復《おうふく》で2時間の道のりを、早苗《さなえ》は友子のために走り続《つづ》けた。

友子は練習でぐったりつかれて、母が待つむかえの車に乗りこむと、すぐに

父・茂《しげる》さんの上に座《すわ》って兄弟たちと。
茂《しげる》さんの前の子が友子だ

眠《ねむ》ってしまう。しかし、眠《ねむ》りながらも母に感謝《かんしゃ》していた。自分が柔《じゅう》道《どう》を続《つづ》けられるのは母のおかげであることを、友子はだれよりもよく知っていた。

近くの柔道場《じゅうどうじょう》に通わせておけば、送りむかえをするにもずっと楽だったはずだ。高校生の長男と中学生の長女を家にのこして、友子にばかり時間をさくことにひけめも感じていたにちがいない。それでも、早苗《さなえ》は友子に「少し柔道《じゅうどう》をひかえたら？」というようなことは言わなかった。

友子の運動神経《うんどうしんけい》のよさをだれよりも早く見ぬいて、まつぼっくり保育園《ほいくえん》を見つけてきてくれた父。

自分のことのように一生けんめい、友子を応援《おうえん》してくれる母。

父が亡《な》くなり、母が留守《るす》がちで、不便《ふべん》なことや不安《ふあん》なことがあっても、「妹のために」とがまんしてくれている兄や姉。

「もっと強くなりたい」

家族の応援《おうえん》とがんばりにこたえるためにも、友子はそう思うのだった。

第3章

強くなるには
どうすれば
いいの？

柔道《じゅうどう》で強くなるために

強くなるには練習するしかありません。立ち止まって頭で考えるより、まず体を動かすことが重要《じゅうよう》です。

そして、もう一つ重要《じゅうよう》なことは、**目標《もくひょう》をはっきり決めることです。**

たとえば、サッカーはゴールの位置《いち》が決まっていないと、どこにボールをけっていいのかわかりません。それと同じように柔道《じゅうどう》も目標《もくひょう》が決まっていないと、今やるべきことがぼんやりして、何にうちこめばいいのかわからなくなってしまいます。

わたしは中学校に進学するにあたって、「全国中学柔道大会《ぜんこくちゅうがくじゅうどうたいかい》への出場・優勝《ゆうしょう》」を目標《もくひょう》にかかげました。

全国中学柔道大会《ぜんこくちゅうがくじゅうどうたいかい》というのは、「全中《ぜんちゅう》」とよばれていて、中学生の大会では国内で最大《さいだい》。ここで優勝《ゆうしょう》することは「中学柔道界《じゅうどうかい》で日本一《にほんいち》」を意味します。

たぶん、中学時代が一番、練習時間が多かったと思います。

平日は、授業《じゅぎょう》が終わるのを母が校門のところで待っていて、わたしが車に乗りこむと高校の道場へそのまま行きます。高校生たちにまじって1時間半ほどあせを流したら、とちゅうでぬけて次の道場へ。日によって、地元の道場へ行ったり、千葉の道場へ行ったりしていました。

食事の時間がもったいないので、夕食は移動中《いどうちゅう》に車のなかで食べました。そして、夜の9時まで練習です。千葉の道場に行った日は、家にもどってくるのがいつも夜中の11時になっていました。

休日は学校がないので、さらに練習時間が増《ふ》えます。本当に朝から夜まで、休む時間をおしんで練習しました。

毎日がそんな生活でしたから、夜ふとんに入るころには、体はくたくたでした。でも、ぐっすり眠《ねむ》って朝になると、また元気いっぱいに復活《ふっかつ》しています。中学時代はエネルギーがありあまっています。その時期に練習をたくさんやったことは正しかったと思います。

そのころ柔道《じゅうどう》でつらかったことといえば、ダイエットです。

中学生になると体重別《たいじゅうべつ》で階級《かいきゅう》がわかれるのですが、わたしは48kg以下級《いかきゅう》という一番軽い階級《かいきゅう》です。中学1年生の初《はじ》めは45キロくらいしかなかったので、「もっと食べて太らなくちゃ」と思っていました。でも、進級すると体がしっかりしてきて、体重も増《ふ》えてきます。すると、今度は48キロより重くならないように体重を調整しなくてはなりません。

そのときは、正しい減量《げんりょう》のしかたなど知らないので、ただ食べる量《りょう》を減《へ》らすことしか思いつきませんでした。試合《しあい》が近づいてくると、友だちが給食《きゅうしょく》をおいしそうにほおばるのを、ただうらめしそうに見ているだけ。お腹《なか》がすくとクラッカーをかじってがまんして……。自己流《じこりゅう》ダイエットでどうにか体重を増《ふ》やさないようにして、試合前《しあいまえ》の計量《けいりょう》をパスしていました。

育ちざかりの体には、ご飯《はん》の量《りょう》を減《へ》らすのはよくなかったかもしれません。でも、あのころのわたしには、体によいとかわるいとかより、体重オーバーで試合《しあい》に出られないことのほうがずっと大きな問題だったのです。

中学1年生のときは、県大会の決勝まで進んだのですが、相手の技《わざ》にかかって気を失《うしな》い、一本負けしてしまいました。技《わざ》がかんぺきに決まると「一本」となり、その場で勝敗《しょうはい》が決まるんです。あと一歩というところで、全国大会へのきっぷをのがしてしまいました。そのときはもう、くやしくて、くやしくて!

あまりにくやしがるわたしを見かねて、母が「全中《ぜんちゅう》の試合《しあい》を見に行こう」とさそってくれました。二人で夜行列車に乗って、試合《しあい》が開かれる秋田に向かったことをおぼえています。

全中《ぜんちゅう》の48kg級の試合《しあい》を見ていて、わたしは「どうして自分はたたみの上で試合《しあい》をせずに、こんな観客席《かんきゃくせき》にいるんだろう?」と思いました。そして、母に「来年は絶対《ぜったい》に出場するからね」と約束《やくそく》しました。

その約束《やくそく》どおり、次の年は全国大会に出場をはたし、ベスト16に入りました。そして、中学最後《さいご》の年は、念願《ねんがん》の「全国大会での優勝《ゆうしょう》」を手にすることができました。この経験《けいけん》が「やっぱりやればできるんだ」という信念《しんねん》を強くしました。

中学時代は三つの道場をはしご

「全中《ぜんちゅう》での優勝《ゆうしょう》」という目標《もくひょう》を胸《むね》にだいて、友子は地元の土浦市立《つちうらしりつ》土浦第六中学校《つちうらだいろくちゅうがっこう》に進学した。

ところが、こまったことに、土浦六中《つちうらろくちゅう》には柔道部《じゅうどうぶ》がなかった。全中《ぜんちゅう》に出るには、「中学校の柔道部《じゅうどうぶ》に所属《しょぞく》していること」というルールがあるのに……。

友子は母と相談して、もう一人の柔道仲間《じゅうどうなかま》の男子生徒《だんしせいと》といっしょに、「柔道部《じゅうどうぶ》をつくってください」と学校にお願《ねが》いをした。

新しく部をつくるには、手間もお金も指導者《しどうしゃ》も必要だ。ダメだとことわられるかもしれなかった。しかし、友子たちが本気で柔道《じゅうどう》にかけていることを知った中学の校長先生は、すぐに柔道部《じゅうどうぶ》をつくってくれた。

ただし、練習場所はない。さすがに生徒《せいと》二人のために、新しく柔道場《じゅうどうじょう》を建《た》てることは無理《むり》だった。そこで、友子たちは中学校の近くにある土浦日本大学高等学《つちうらにほんだいがくこうとうがっ》校《こう》まで、毎日放課後《まいにちほうかご》に練習に通わせてもらうことになった。

このときの友子は、小二から通う地元の道場と、高学年になってから通い始めた千葉の道場とを、まだかけもちしていた。そこにもう一つ道場が加《くわ》わるのだ。しかも自分より実力も経験《けいけん》もはるかに上の、高校生にまじっての練習になる。ふつうなら考えただけで目がまわる。

それでも、本人は平気でやってのけ、むしろ毎日が楽しかったという。

「人から見れば、練習のしすぎと思ったにちがいありません。

でも、わたしにはまだやりたりないくらいでした。

夜11時に道場から帰ってきて、そのまま近くの公園まで行き、タイヤ引きをしたこともあります。体にロープで車のタイヤをしばりつけ、引っぱって足腰《あしこし》の強《きょう》化《か》をするのです。真夜中にザーッザーッとタイヤを引く音がひびいて、近所の人は気味がわるかったかも……？

今になって考えると、めいわくな中学生でした」

ちなみに、そんな友子の様子をそばで見ていた早苗《さなえ》は、止めるどころか、いっしょになってタイヤ引きをした。

自分と同じ目線で物事を見てくれるおとながそばにいると、子どもは安心するものだ。おかげで友子は、その才能《さいのう》をどんどんのばすことができたのだった。

まわりをおどろかせた友子の負けずぎらい

さて、友子が中学1年生で県大会の決勝にのぞんだときの話だ。これに勝てば、全国大会への出場が決まる大事な試合《しあい》。友子はもちろん勝つイメージでいた。

ところが、相手が一枚《いちまい》うわてだった。予想外のしめ技《わざ》をかけられたのだ。相手のうでが友子の首にまわり、ギュッとのどをしめあげられた。すると、息ができなくなり、頭にも血がいかなくなって、意識《いしき》が遠のいてしまう。

しめ技《わざ》は事故《じこ》にもつながるあぶない技《わざ》なので、小学生までは禁止《きんし》されている。そのため、しめ技《わざ》になれていなかった友子は、相手のうでからのがれることも、たたみをたたいてギブアップすることもできず、完全《かんぜん》に気を失《うしな》ってしまったのだ。

一本負けだ……。

ところが、次の瞬間《しゅんかん》、友子がとった行動がまわりをおどろかせた。意識《いしき》をとりもどした友子は、自分が負けたことが理解《りかい》できず、バッと立ちあがるとものすごい形相《ぎょうそう》で相手に立ち向かっていったのだ。闘争心《とうそうしん》むき出しで向かってくる友子の迫力《はくりょく》に、勝ったはずの相手がひるんだ。

試合《しあい》の後、冷静《れいせい》になって自分が負けたことを知ると、友子は人目をはばからずなみだを流した。全身で「くやしい!」とさけんでいるような泣《な》きかただった。

技《わざ》のかけかたや体のつかいかたは教えてもらえばのびるが、「前に出ていく気持ちの強さ」や「負けたくないというはげしい情熱《じょうねつ》」は、教えられて身につくものではない。そういう意味で、友子は戦《たたか》うためにうまれてきたといえるかもしれない。

後日、全中《ぜんちゅう》の試合会場《しあいかいじょう》に観戦《かんせん》に行った友子は、「来年こそ絶対《ぜったい》、この舞台《ぶたい》に立ってやる!」と決意を新たにした。そして、じっさいに2年生で全中《ぜんちゅう》への出場をはたし、3年生ではついに目標《もくひょう》の優勝台《ゆうしょうだい》に立った。

中学時代にここまでがんばれた理由について、友子は「県の選抜強化選手《せんばつきょうかせんしゅ》に選《えら》ばれたことも大きかった」と語っている。県大会で各階級《かくかいきゅう》の3位までに入《い》ると、県の選抜強化選手《せんばつきょうかせんしゅ》に選《えら》ばれる。そして、全国大会をめざしての特訓《とっくん》がうけられるのだ。

「強化合宿《きょうかがっしゅく》では、自分と同じくらいのレベルの選手《せんしゅ》たちと、朝から夜まで顔をあわせて練習です。気力体力のギリギリまでしごかれていると、いやでも自分の実力がわかってきます。

ほかの選手《せんしゅ》ができることが自分にできなかったり、自分よりほかの子がずっと上手にできたり。そういうのを目《ま》のあたりにすると、どんどん内側《うちがわ》から燃《も》えあがるものを感じました。こんなところでくじけてたまるか！　このなかでも一番になってやる！　そんな思いといっしょに力がわいてくるのです」

熱《あつ》いマグマのような思いが、いつも友子のなかにはあった。それが、次へと向かうエネルギーの源《みなもと》になった。

音楽祭や勉強も手をぬかない！

友子は柔道《じゅうどう》をがんばる一方で、学校生活もおろそかにはしなかった。

たとえば、中学時代の一番の思い出は、音楽祭だ。学級ごとに課題曲《かだいきょく》と自由曲を合唱《がっしょう》し、先生や保護者《ほごしゃ》の前で発表する。上手に歌えたクラスから順《じゅん》に金賞《きんしょう》、銀《ぎん》賞《しょう》、銅賞《どうしょう》がもらえることになっていた。土浦六中《つちうらろくちゅう》でもっとも盛《も》りあがる行事だ。

この音楽祭にむけての練習を放課後《ほうかご》にみんなでやった。

ところが、練習をさぼって帰ってしまう子がいたり、男子がふざけて歌わなかったり、声がそろわなくてケンカになったり……。練習はなかなか思うようにすすまなかった。

友子は、空中分解《くうちゅうぶんかい》しそうなクラスをまとめる役目を自分からひきうけた。友子は友だちや先生の力を借《か》りながら、まじめにやらない男子を説得《せっとく》したり、ケンカしているグループ同士《どうし》をなかなおりさせたり、不満《ふまん》をもつ子のグチを聞いたりした。そうして本番までにクラスを一つにまとめあげ、3年生のときの音楽祭ではみごと、金賞《きんしょう》にかがやいた。

歌い終わった瞬間《しゅんかん》、クラス全員で号泣《ごうきゅう》した。賞《しょう》の発表があった瞬間《しゅんかん》、みんなでとびあがってよろこんだ。舞台《ぶたい》の幕《まく》がおりた後、「もう一度、おれにだけ歌声を聞かせてくれ」という担任《たんにん》の先生に向かって、みんなで合唱《がっしょう》をした。まさに青春の1ページだった。

「困難《こんなん》がたくさんあった分、みんなの心が一つになったときの歌声は最高《さいこう》でした。感動しました」と、友子は目をキラキラさせて、そのときのことを語った。


高校では、勉強もがんばった。

選抜強化選手《せんばつきょうかせんしゅ》である友子は、人より試合《しあい》や合宿へ参加《さんか》する回数が多い。その分、学校に来られない日も多かった。だから、出席《しゅっせき》できる授業《じゅぎょう》はできるだけまじめに参加《さんか》して、おくれないようにしたかったのだ。

中学までは成績《せいせき》がわるくても進級・卒業《そつぎょう》ができるが、高校になると進級できないようになる。だから、進級できなそうな生徒《せいと》は、追加《ついか》で授業《じゅぎょう》やテストをうけなくてはならない。すると、その分だけ練習時間をけずられてしまう。友子はそれがいやだった。だからふだんから先生の話を聞きもらさないようにして、テスト前はしっかりノートもとるように心がけていた。

「授業《じゅぎょう》をまじめにうけるのも、テスト勉強をするのも、すべて柔道《じゅうどう》のためでした。柔道《じゅうどう》に集中したかったから、柔道《じゅうどう》以外《いがい》のことはなるべく最短《さいたん》ですませたかったのです」

「急がばまわれ」ということわざがある。「目的地《もくてきち》に確実《かくじつ》につきたかったら、あぶない近道より、安全な遠まわりを選《えら》びなさい」という、昔の人の教えだ。

つまり、自分の好《す》きなことに時間を使いたい人ほど、毎日の授業《じゅぎょう》や宿題やテストをおろそかにしてはいけないのだ。

信《しん》じられる柔道《じゅうどう》の師《し》との出会い

土浦日大高校《つちうらにちだいこうこう》は、県内で有名なスポーツの名門校だ。県内はもちろん県外からも、たくさんの強い選手《せんしゅ》が集まってくる。当然《とうぜん》ながら柔道部《じゅうどうぶ》も強者《つわもの》ぞろいだった。

たとえば、友子が中学生で練習に参加《さんか》していたとき、3年生には塚田真希選手《つかだまきせんしゅ》がいた。2004年アテネオリンピック柔道女子《じゅうどうじょし》78kg超級《ちょうきゅう》の金メダリストだ。ほかにも、全国大会レベルの選手《せんしゅ》が何人もいた。

日本でトップクラスの選手《せんしゅ》たちが集まってくるのだから、練習のレベルも当然《とうぜん》高《たか》い。

とりわけ柔道部《じゅうどうぶ》の落合正利監督《おちあいまさとしかんとく》は、きびしい練習をすることで有名だった。ふつう高校の柔道部《じゅうどうぶ》では、だいたい2〜3時間の練習をしている。そして、週に1日くらいは休みがある。ところが、土浦日大高校《つちうらにちだいこうこう》では、放課後《ほうかご》4時から8時まで4時間も練習をする。しかも土日の休みなどない。

中学のときにそこそこ強かった選手《せんしゅ》でも、いきなりこの練習にはついていけない。中学でなれている友子以外《いがい》の1年生部員は、ほとんどが最後《さいご》までもたずにバテてしまっていた。ようやくひととおりの練習についてこられるようになるのは、早くても夏ごろのことだ。

落合監督《おちあいかんとく》が柔道《じゅうどう》でもっとも大切にしているものは、「礼儀《れいぎ》」と「人としての正しさ」だ。「柔道家《じゅうどうか》として強くある前に、人として正しくあらねばならない」というのが彼《かれ》の信念《しんねん》だ。そのために、いろいろなことをたたきこまれた。

最初《さいしょ》に教えられたのは、あいさつだ。

あいさつは小学生のときから教わってはいたが、もっとてってい的《てき》に教えこまれた。たとえば、口で「ありがとうございます」と言ったり、頭だけさげたりするのではなく、「きちんと心をこめて、ていねいに」あいさつすることの大切さを教えてもらった。

あいさつは監督《かんとく》やコーチ、先輩《せんぱい》だけにするのではない。柔道場《じゅうどうじょう》に入るときは立ち止まって一礼し、出ていくときも立ち止まって一礼する。これは、柔道場《じゅうどうじょう》がたんなる練習場ではなく、自分を成長《せいちょう》させてくれる大切な場所だからだ。

また、練習中は大きな声で、「やあー!」「よーし!」などの声出しをする。みんなの意欲《いよく》を高めるためだ。

そして、自分がまちがったことをしたり、しなくてはいけないことをさぼったりしたら、すなおにあやまる。ウソをついたり、ごまかしたりなどは、もってのほかだ。どんなときも自分に対して正直でなければ、強くなれないからだ。

また、練習前と練習後の道場のそうじ、水分補給《すいぶんほきゅう》のための水くみや買い出し、監督《かんとく》や先輩《せんぱい》の手伝《てつだ》い、そのほかの細かい雑用《ざつよう》なども自然《しぜん》にできるように教えこまれた。

大変《たいへん》なことだが、友子は一生けんめいやった。やっていくうちに、いつの間にか、監督《かんとく》がそれをやらせた本当の意味がわかってきた。「自分をみがくことは、柔道《じゅうどう》をみがくこと」、それを監督《かんとく》は教えたかったのだ。

友子はこうした雑用《ざつよう》をいやだと感じたことはない。むしろ、人がやりたがらないことをすすんでやった。それは、落合監督《おちあいかんとく》の教えが、友子の心にすっと入ってきたからだ。

友子は「監督《かんとく》についていけば、必《かなら》ず強くなれる」と思っていた。たくさんの先輩《せんぱい》たちが、それを証明《しょうめい》してくれている。「この人は信《しん》じられる」と、友子は確信《かくしん》していた。

『柔道《じゅうどう》ノート』をつけ始める

落合監督《おちあいかんとく》は、友子が今まで知らなかったような技《わざ》のコツや、戦《たたか》いかたのポイントなどをていねいに説明《せつめい》してくれた。だが、それらは一度見たり聞いたりしただけでおぼえられるような、かんたんなものではない。

そこで、友子はその教えを一つももらさず吸収《きゅうしゅう》するために、『柔道《じゅうどう》ノート』をつけ始めた。教わった技《わざ》やうけたアドバイスを自分で記録《きろく》して、いつでも見返せるようにしたのだ。

ふだんの学校の授業《じゅぎょう》でも、「ノートをとりなさい」と先生に言われるはずだ。それは、授業《じゅぎょう》の内容《ないよう》をわすれないようにするためや、後から見なおして思い出すためだ。しかし、ノートをとることの一番大事な目的《もくてき》は、「学んだことを頭のなかで整理すること」にある。

自分で考えながら要点《ようてん》を書き加《くわ》えたり、色ペンでめだつように線をひいたり、ときにはイラストをかいたりして、大事なポイントをまとめる。そうすることで、

5冊《さつ》ともびっしり書《か》きこまれている

より理解《りかい》が深まっていく。

当時の友子の『柔道《じゅうどう》ノート』を見返すと、柔道《じゅうどう》の技術面《ぎじゅつめん》での学びや発見をイラスト入りで細かく記《き》録《ろく》してある。柔道《じゅうどう》では自分と相手の体の向きや技《わざ》をかける方向など、複雑《ふくざつ》な動きが多い。それを図にすることで、頭のなかが整理されていく。

友子はノートのとりかたをだれかに教わったわけではない。先輩《せんぱい》たちのやりかたを見て、それをまねしながら、「どうすればもっと見やすくなるか」を自分でも工夫《くふう》したのだ。

ないしょの個人練習《こじんれんしゅう》

さて、友子には、土浦日大高校《つちうらにちだいこうこう》に進学してよかったと思うことが、三つあった。

一つは、落合監督《おちあいかんとく》と土田美知恵《つちだみちえ》コーチに出会えたこと。

二つめは、同じ夢《ゆめ》や目標《もくひょう》をもったたくさんの仲間《なかま》に出会えたこと。

そして三つめが、学校が家から近いことだ。

「これまで何時間もかかっていた道場への移動時間《いどうじかん》が、自転車で20分になりました。その分、たくさん練習ができるようになりました。それが本当にうれしかった！」

友子の高校生活は、こんな毎日だった。

朝7時から8時まで朝練習。着がえをすませて教室に入り、授業《じゅぎょう》をうける。放《ほう》課後《かご》4時から8時まで練習。これを平日は毎日くり返す。土日も公式試合《こうしきじあい》や練習《れんしゅう》試合《じあい》、通常《つうじょう》の練習などで丸一日がつぶれてしまう。

もうこのころになると、柔道一色《じゅうどういっしょく》の生活が友子にとっての「あたり前」になっていた。たまたま練習がぽっかり休みだったりすると、何をしていいかわからなくなってしまう。練習もないのにやっぱり道場に行ってしまい、「ほかにやることないのか！」と自分で自分につっこんで笑《わら》ったこともあった。

高校2年生からはさらに、学校での朝練習が始まる前に、落合監督《おちあいかんとく》の自宅《じたく》にある道場で6時から約《やく》30分間の特別《とくべつ》けいこが加《くわ》わった。この個人練習《こじんれんしゅう》は、監督《かんとく》から「やるぞ」と声をかけられて始まったものだ。

「全日本の試合《しあい》に出るようになっていたわたしを見て、監督《かんとく》はもっときたえなくてはダメだ。まだまだたりない点だらけだと思ったのでしょう」と友子は言う。しかし、おそらくそれだけが理由ではない。

落合監督《おちあいかんとく》にしてみれば、「この子はのびる」と感じたにちがいない。友子のまっ白でやわらかい心なら、どんなことでも吸収《きゅうしゅう》できる。そのずばぬけた運動能力《うんどうのうりょく》なら、もっと高度な技《わざ》ができる。こんなに柔道《じゅうどう》が好《す》きなら、強くならないわけがない。

そう見こんだからこそ、個人練習《こじんれんしゅう》を始めたにちがいないのだ。友子が落合監督《おちあいかんとく》の指導者《しどうしゃ》としての力にほれこんだように、落合監督《おちあいかんとく》も友子の柔道《じゅうどう》の才能《さいのう》にほれこんでいた。

こうして友子は最強《さいきょう》の味方を得《え》て、「自分の柔道《じゅうどう》」を身につけていくことになる。

「自分の柔道《じゅうどう》」を求《もと》めて

友子にとっての「自分の柔道《じゅうどう》」とは、ひと言でいうと「ねばり強く攻《せ》める」だ。友子は自分自身の柔道《じゅうどう》を「技《わざ》がキレるタイプではない」と言っている。本当は、相手を背負《せお》って肩《かた》ごしに投げる「背負《せお》い投《な》げ」のような、見ためにもはでな大技《おおわざ》が好《す》きなのだが、試合《しあい》ではなかなか決まらない。

その代わり、ジワジワとしつこく攻《せ》めて、少しずつ相手の体勢《たいせい》をくずしていくのが得意《とくい》だ。そして、「ここだ」と思った瞬間《しゅんかん》に、すばやく一気に攻《せ》めこむ。それで、相手のかかとをすくうように引っかけて後ろにたおす「小内《こうち》がり」のような技《わざ》が多くなる。

このじっくりねばり強く攻《せ》める戦《たたか》いかたは、技《わざ》がキレるタイプの選手《せんしゅ》にとって、もっとも戦《たたか》いづらい相手となる。なぜなら、守りながら攻《せ》めてくるため、だいたんに技《わざ》をかける「すき」を見つけることができないからだ。

落合監督《おちあいかんとく》は、選手《せんしゅ》一人ひとりの柔道《じゅうどう》にあわせて、その長所をのばすような指導《しどう》をする。友子の柔道《じゅうどう》も、落合監督《おちあいかんとく》からのアドバイスでつくりあげられたものだ。

じっくり攻《せ》める柔道《じゅうどう》で戦《たたか》うには、基礎練習《きそれんしゅう》をとことんやらなければならない。

基礎練習《きそれんしゅう》とは、足腰《あしこし》をきたえるための走りこみや、防御《ぼうぎょ》の構《かま》えである受身のとりかた、相手の道着をつかむ組手のやりかた、技《わざ》をしかけるときの体の向きや相手とのきょりのとりかたなどを身につける練習のことだ。体のばねを強くしたり、反射神経《はんしゃしんけい》をみがいたり、頭で考える前に自然《しぜん》に技《わざ》が出るようにならなければ、相手の攻撃《こうげき》をかわしながら長く戦《たたか》うことはできない。

基礎練習《きそれんしゅう》は、柔道《じゅうどう》の初歩《しょほ》からやってきたことのくり返しだ。友子くらいの経験《けいけん》者《しゃ》になれば、もういやというほどやってきている。だから、あきている。いいかげんにやろうと思えば、どこまでも手ぬきができてしまう。

だが本当は、基本《きほん》ほどむずかしいものはない。これは、どの世界にも通じることだ。地味なことのくり返しを、どれだけ高い意識《いしき》をもって続《つづ》けられるか。つねに自分のなかに課題《かだい》を見つけて、それを解決《かいけつ》していけるか。強くなるには、そういう地道な努力《どりょく》を続《つづ》ける才能《さいのう》が欠《か》かせないのだ。

その意味で、友子は強くなる素質《そしつ》をもっていた。

落合監督《おちあいかんとく》があるインタビューでこうこたえている。「福見友子は〝努力《どりょく》の天才〟なんですよ」と。部の練習が終わっても一人でのこって、練習を続《つづ》ける友子を落《お》合監督《あいかんとく》は何度も見ていた。

「自分の柔道《じゅうどう》」というものを着実に身につけだした友子は、自分でも力がついてきていることを実感していた。それはたくさん勝つとか、今まで歯が立たなかった相手と対等に戦《たたか》えるようになったというような、単純《たんじゅん》な意味だけではない。試《し》合《あい》のなかで、相手の動きがよく見えるようになった。頭で考える前に体が反応《はんのう》するようになった。そして、「もっとこうしていれば」と後悔《こうかい》することが減《へ》った。そんなふうに、一つひとつの試合内容《しあいないよう》がよくなっていた。

そして、友子は高校2年生にして、全国でも各階級《かくかいきゅう》で8名しか出られない「全《ぜん》日本選抜柔道体重別選手権大会《にほんせんばつじゅうどうたいじゅうべつせんしゅけんたいかい》」の選手《せんしゅ》に選《えら》ばれる。中学生まではジュニアの部だが、高校生になればおとなと同じ一般《いっぱん》の部だ。一般《いっぱん》はジュニアとはくらべものにならないくらい、選手《せんしゅ》の数が多い。その大勢《おおぜい》のなかで、日本でベスト8に入ったのだ。友子は誇《ほこ》らしい気持ちがした。今までより、もっと柔道《じゅうどう》が好《す》きになった。

そして、「福見友子」という名前を日本中に広く知らせることになる〝伝説《でんせつ》の一《いっ》戦《せん》〟が、もう目前までせまってきていた。

第4章

思い出にのこっている試合《しあい》は?

栄《えい》光《こう》とざせつをくり返して

２００２年の４月、高校２年生で出場した全日本《ぜんにほん》選抜《せんばつ》柔道《じゅうどう》体重別《たいじゅうべつ》選手権《せんしゅけん》大会《たいかい》の48kg級一回戦《いっかいせん》は、自分にとっても、まわりの人たちにとっても、わすれられない試合《しあい》です。

当時65連勝中《れんしょうちゅう》で、日本人には12年間も負けたことがなかった谷《たに》（旧姓《きゅうせい》・田村《たむら》）亮子《りょうこ》選手《せんしゅ》を、わたしはたおしました。

わずか16歳《さい》のほとんど無名《むめい》の女の子が、無敗《むはい》の女王をたおしたのですから、みんながおどろいて大さわぎになりました。

カメラのフラッシュがバシバシと光り、何台ものテレビカメラを向けられ、何本ものマイクをつき出されて、たくさんの質問《しつもん》を投げかけられました。みんなとても興奮《こうふん》していて早口で、わたしにグイグイつめよってきます。ヤワラちゃんとよばれた谷選手《たにせんしゅ》に代わる人という意味で、「ポスト・ヤワラちゃん」とよばれて、まるで大スターのようなあつかいでした。

学校にもマスコミの人が取材《しゅざい》におしかけるし、友だちや知りあいは「すごいね」「おめでとう」と言うし、町を歩いていても人々の視線《しせん》を感じました。

それが、わたしの柔道《じゅうどう》をくるわせてしまいました……。

その試合以来《しあいいらい》、わたしはまったく勝てなくなりました。実力や経験《けいけん》では負けるはずのない相手にも、かんたんに負けるようになってしまいました。完全《かんぜん》にスランプです。

そのスランプは高校を卒業《そつぎょう》するまで続《つづ》きました。長く勝てない時期が続《つづ》いて、もう何をすればいいのかもわからなくなりました。それまで自分がどうやって戦《たたか》ってきたのか、どうやって強くなってきたのか、そんなこともわからないのです。『柔道《じゅうどう》ノート』にくるしい気持ちを書きなぐったり、家族にやつあたりしたり、部屋にこもって一人で泣《な》いたりもしました。

でも、柔道《じゅうどう》を辞《や》めることはできませんでした。どうしても辞《や》めることができなくて、逆《ぎゃく》に「自分には柔道《じゅうどう》しかない」ことを思い知らされる日々でした。

いっそ辞《や》められたら楽だったかもしれないのに、そうできないことが余計《よけい》にくるしかった……。

そんなとき、いろんな人がわたしをささえてくれました。筑波大学《つくばだいがく》に進学し、そこの柔道部《じゅうどうぶ》でもまた新しいしげきをうけました。そうして、なんとか気持ちをもちなおして、もう一度前を向くことができるようになったのです。

2007年の「全日本選抜柔道体重別選手権大会《ぜんにほんせんばつじゅうどうたいじゅうべつせんしゅけんたいかい》48kg級」も、思い出にのこる試合《しあい》です。わたしは、そこでふたたび谷選手《たにせんしゅ》をたおしました。

そのときの感覚《かんかく》は、2002年のあの試合《しあい》の感覚以上《かんかくいじょう》のものでした。「いける!」と手ごたえを感じました。長いスランプからぬけて、もう一度自分をとりもどし、さらに前以上《まえいじょう》に大きくなって帰ってきた! そんな達成感《たっせいかん》でいっぱいでした。

その試合《しあい》は、次の年に開かれる北京《ぺきん》オリンピックにつながる、世界柔道選手権《せかいじゅうどうせんしゅけん》の選手《せんしゅ》を決めるものでもありました。ふつうなら優勝《ゆうしょう》したわたしが選《えら》ばれてもおかしくありませんでした。

ところが、選考会議《せんこうかいぎ》が終わってみると、世界選手権《せかいせんしゅけん》の代表に選《えら》ばれたのは谷選《たにせん》手《しゅ》でした。

わたしが落選《らくせん》した理由は、「世界大会で優勝するなどの実績《じっせき》がたりないから」でした。つまり、「福見友子では世界で勝てない」と言いわたされたのと同じです。

でもそのとき、わたしのなかには「しかたがないな」という、納得《なっとく》の気持ちがありました。わたしは、自分が代表に選《えら》ばれなかったことより、世界をめざしてやってこなかったことを強く後悔《こうかい》しました。

そして、ようやく目が覚《さ》めました。自分のすべきことがわかったわたしは、「次のロンドンオリンピックには必《かなら》ず出場する」という目標《もくひょう》をさだめました。

柔道《じゅうどう》48kg級の歴史《れきし》をぬりかえた一戦《いっせん》

柔道女子《じゅうどうじょし》48kg級といえば長い間、ヤワラちゃんこと谷亮子選手《たにりょうこせんしゅ》の独壇場《どくだんじょう》だった。2002年の春まで、谷選手《たにせんしゅ》はシドニーオリンピックで金メダル、世界選手権《せかいせんしゅけん》を5連覇《れんぱ》もするなど「負け知らず」だった。そんな彼女《かのじょ》を体重別選手権大会《たいじゅうべつせんしゅけんたいかい》の1回戦《せん》で、高校2年生の友子がやぶることになる。日本の柔道女子《じゅうどうじょし》48kg級の歴史《れきし》がぬりかわった瞬間《しゅんかん》だ。

一つの階級に8名しか出られない大会だったため、どこかで谷選手《たにせんしゅ》と当たることは予想がついていた。ただ、それが初戦《しょせん》でいきなりというのを知ったとき、友子は「どうしよう」と不安《ふあん》になった。対戦《たいせん》を考えただけで、お腹《なか》のあたりがムズムズしてくるようだった。

そんな友子をよそに、落合正利監督《おちあいまさとしかんとく》は興奮《こうふん》していた。そして、「ラッキーだな！

48kg級の王者と対戦《たいせん》できるなんて」と言った。
谷《たに》選手《せんしゅ》ほどの選手《せんしゅ》になると、重要《じゅうよう》な大会にしか出場しない。だから、友子のような若《わか》い選手《せんしゅ》が対戦《たいせん》できる機会《きかい》などめったにないのだ。そのチャンスにめぐまれて幸運だと、落合監督《おちあいかんとく》は言ったのだ。

この運命の試合《しあい》の少し前、『柔道《じゅうどう》ノート』の高校2年生の1月のページを開くと、そこには「驚天動地《きょうてんどうち》」という四字熟語《よじじゅくご》が、のびのびとした大きな字で書かれている。

「驚天動地《きょうてんどうち》」とは、天地をゆり動かす、あるいは、世間をおおいにおどろかせる、という意味だ。正月に「今年の目標《もくひょう》」として書いた言葉だ。

これを見た落合監督《おちあいかんとく》は、大変《たいへん》よろこんだ。「日本女子柔道界《にほんじょしじゅうどうかい》の新星」として友子が世界中から注目される予感が、監督《かんとく》にはあったのかもしれない。そのようすを見た友子も、なんとなく勝てるような気がしてきた。

「監督《かんとく》が勝てると思っているのだから、本当に勝てるかもしれない。いや、きっと勝てるにちがいない」

その日から試合《しあい》までの約《やく》1か月間、てってい的《てき》に「谷選手対策《たにせんしゅたいさく》」のトレーニングが組まれた。落合監督《おちあいかんとく》の頭のなかには、谷選手《たにせんしゅ》を攻略《こうりゃく》するための秘策《ひさく》がちゃんとあった。それは、友子が「友子らしい柔道《じゅうどう》をする」ことにつきた。

前の章でも書いたが、谷選手《たにせんしゅ》のように「技《わざ》がキレるタイプ」の選手《せんしゅ》にとって、友子のような「ねばり強くせめるタイプ」の選手《せんしゅ》は、もっとも戦《たたか》いにくい相手だ。技《わざ》をかけようと思っても「すき」がないため、なかなかしかけられない。そのうちに体勢《たいせい》がくずれて、自分の柔道《じゅうどう》ができなくなってしまうのだ。

じつは、落合監督《おちあいかんとく》がずっと友子にやらせてきた基礎練習《きそれんしゅう》は、このためのものだった。ねばり強い精神《せいしん》と、一級品《いっきゅうひん》の反射神経《はんしゃしんけい》とフットワーク。友子には、すでにそれらがそなわっていた。あとは本番で、それを出しさえすればいい。

谷選手《たにせんしゅ》と戦《たたか》う前に、落合監督《おちあいかんとく》だけがそのことに気づいていた。だから、友子に何度もくり返し「勝てる。お前らしい柔道《じゅうどう》をやればいい」と言ったのだ。

落合監督《おちあいかんとく》のことを友子は信《しん》じていた。それでも運命の試合当日《しあいとうじつ》、友子は緊張《きんちょう》していた。前日に気分が高まって眠《ねむ》れないなどということは、今までの友子にはなかった経験《けいけん》だ。

今、そのときのことをふり返って言う。

「あのときの緊張《きんちょう》は、自分が負けるかもしれないとか、ちゃんと戦《たたか》えるだろうかという不安《ふあん》ではありませんでした。

完全《かんぜん》に〝勝つぞ、戦《たたか》うぞ〟という、やる気からくる緊張《きんちょう》でした。そう、武者《むしゃ》ぶるいだったのです」

最初《さいしょ》から負けるつもりなら、あるいは、「相手にしりもちの一つくらいつかせてやろう」程度《ていど》の気持ちなら、もっと楽に試合《しあい》に向かえたはずだ。だが、勝つ気だった友子は、大舞台《おおぶたい》で技《わざ》を決める自分を思いえがいて、全身に鳥肌《とりはだ》をたたせていたのだった。

「谷選手《たにせんしゅ》と対面したときのことは、あまりよくおぼえていません。自分の柔道《じゅうどう》をやることに集中していて、相手が谷選手《たにせんしゅ》だということさえ、ほとんど意識《いしき》していませんでした」

背負《せお》い投《な》げに気をつける谷選手《たにせんしゅ》に対し、友子は小内がりを連発《れんぱつ》した。だが、勝《しょう》負《ぶ》なれした相手にはなかなか決まらない。

小内がりが無理《むり》だと判断《はんだん》した友子は、ぱっと体の向きを変《か》え、大内《おおうち》がりにきりかえた。大内がりとは、相手のふところに入って内側《うちがわ》から足をすくい、後ろにたおす足技《あしわざ》だ。足をすくわれた谷選手《たにせんしゅ》の体がくずれる。

友子の技《わざ》に「効果《こうか》」が認《みと》められた！ 効果《こうか》ではすぐに勝ちにはならないが、ポイントが与えられる。結局《けっきょく》、それが決め手となって、友子は勝った。

友子自身はおぼえていなくても、体が日ごろの練習をおぼえていたのだ。逆《ぎゃく》にいえば、それだけ無心《むしん》だったからこそ、体が自由に動いたのかもしれない。

友子の勝利《しょうり》が決まった瞬間《しゅんかん》、試合会場《しあいかいじょう》のはりつめた空気が一気にやぶれた。柔《じゅう》道界《どうかい》のニュー・ヒロインのたんじょうだ！

世紀《せいき》の大一番の直後、友子の住む世界ががらりと変《か》わった。

友子自身は今までどおりなのに、まるで別《べつ》の世界に放りこまれたようにまわりのようすだけがちがっている。オリンピックで優勝《ゆうしょう》したかのような興奮《こうふん》、まぶしいくらいのフラッシュ、うるさいほどの歓声《かんせい》、そういうものを一気にあびて、友子はとまどった。

「まわりの興奮《こうふん》したようすを見て、こわくなりました。わたしはいつもどおりに戦《たたか》って、うまく技《わざ》が出て、勝っただけ。しかも、それは落合監督《おちあいかんとく》の作戦《さくせん》どおりでした。だから、勝ったというより、〝たまたま勝っちゃった〟という感覚《かんかく》に近かった。

みんなにすごいと言われれば言われるほど、自分ではない〝自分にそっくりのだれか〟をみんなが見てよろこんでいるようで、とても気持ちがわるかった」

そして、その大金星の直後の2回戦《せん》から、友子は勝てなくなってしまう。まわりの期待にこたえて実力以上《じつりょくいじょう》の自分を出そうとするプレッシャーから、自分を見失《みうしな》ってしまったのだ。友子はあらためて、谷選手《たにせんしゅ》の偉大《いだい》さを思い知るかたちとなった。

完全《かんぜん》に自分の柔道《じゅうどう》を見失《みうしな》った

谷選手《たにせんしゅ》どころか、自分と同じ世代の高校生にも負ける日が続《つづ》き、友子は自信《じしん》をなくした。そして、どん底《ぞこ》へと落ちていった。
そのころ、友子がつけていた『柔道《じゅうどう》ノート』には、こう書かれている。谷選手《たにせんしゅ》に勝った試合《しあい》から約《やく》2か月後、6月7・8日のページだ。

自分の柔道《じゅうどう》を完全《かんぜん》に見失《みうしな》った。
自分の柔道《じゅうどう》にぜんぜん自信《じしん》がもてない。
己《おのれ》に勝てない。
試合《しあい》もすぐなのに試合《しあい》に対する意欲《いよく》がわかない。
自分に限界《げんかい》を感じた。
みょうにつかれるし体も動かない。
自分自身どうしていいかわからない。
去年の夏に逆《ぎゃく》もどりしてきた。何でなのかさっぱりわからない。情《なさ》けない。

深くなやむ友子のようすがよくわかる。しかし、友子は柔道《じゅうどう》の練習を休むことはしなかった。

じつは、このころに落合監督《おちあいかんとく》に「おもいきって柔道《じゅうどう》を休むか、それともとことんやるか、どちらかを選《えら》べ」と言われたことがある。

友子は休みたくても休むことができなかった。にげたら自分がどうなってしまうのかわからず、にげることがこわかった。第一、柔道《じゅうどう》一直線で今日まできた友子に、にげる場所などなかったのだ。友子は「やります」とこたえるしかなかった。

よく森や山でそうなんすると、じっとしているのが不安《ふあん》で動きまわってしまうことがあるという。それがかえって事態《じたい》をややこしくしてしまう。ちょうどこのときの友子も、柔道《じゅうどう》という深い森でさまよっている状態《じょうたい》だった。

「このときの気持ちを色にたとえると、かぎりなく黒に近い灰色《はいいろ》です。まっ黒になったときは、柔道《じゅうどう》を辞《や》めるとき。でも、まだほんの少しだけれど、白い光がありました。それは、かすかな希望《きぼう》でもあり、柔道《じゅうどう》が好《す》きだという気持ちでもありました」と、友子はふり返って言う。

友子は、「柔道《じゅうどう》が好《す》きだ。もう一度勝ちたい」という思いだけを道しるべに、スランプの出口をさがしていたのだった。

くるしむ友子に落合《おちあい》監督《かんとく》は、「オリンピックに出たら、もっと大きなプレッシャーがくる。そのときの練習だと思って乗りこえろ」というはげましや、「人生でだれでも一度はこういう試練《しれん》がある。それがお前は早くきただけ」というなぐさめの言葉をかけてくれた。そして、大きな勝利《しょうり》をつかんだことで、逆《ぎゃく》に負けることがこわくなってしまっていると伝《つた》え、「負けることをこわがるな」とアドバイスをくれた。

土田《つちだ》コーチには、『柔道《じゅうどう》ノート』を通じて交かん日記のようなやりとりをしたり、じかに話を聞いてもらったりした。土田《つちだ》コーチは友子の気持ちをよく理解《りかい》し、くるしみを共有《きょうゆう》してくれた。そして、必《かなら》ず最後《さいご》には「今を乗りこえれば、もっと強くなれる」と言って勇気《ゆうき》づけてくれた。

監督《かんとく》やコーチの言っていることは、頭では理解《りかい》できた。しかし、友子がそれを心で理解《りかい》できるまで、2年以上《いじょう》もかかってしまった。

「自分で考えて戦《たたか》う」ことの意味を知る

友子は高校を卒業《そつぎょう》して、筑波大学《つくばだいがく》に進学した。筑波大学《つくばだいがく》は、数々の柔道《じゅうどう》オリンピック代表や世界柔道選手権《せかいじゅうどうせんしゅけん》出場者を育てている名門中の名門だ。国内だけでなく海外からも柔道《じゅうどう》の留学生《りゅうがくせい》や練習生をうけ入れていて、友子も高校時代に何度か練習に参加《さんか》させてもらったことがある。

名門ならではの練習レベルや選手《せんしゅ》たちの意識《いしき》の高さに、友子は強くひかれた。

「ここに入りたい」とあこがれて、高校での勉強をがんばってきたのだ。

筑波大学《つくばだいがく》は茨城県《いばらきけん》つくば市にある。友子の家がある土浦市《つちうらし》とは、となり同士《どうし》だ。住みなれた大好《だいす》きな場所で柔道《じゅうどう》を続《つづ》けられることが、何よりも友子にはうれしかった。

友子は練習に集中するため、また自立するため、入学と同時に大学の寮《りょう》に入った。家族とはなれて一人ぐらしをするのは、初《はじ》めての経験《けいけん》だ。

どうしても母にまかせることが多かった料理《りょうり》、洗《せん》たく、そうじ、日用品の買い出し、生活費《せいかつひ》の管理《かんり》など、すべて自分の手でやらなければならない。これは、さほどこまりはしなかった。友子は家事がわりと得意《とくい》なほうだ。高校生のときは自分で毎日お弁当《べんとう》をつくっていたし、お菓子《かし》づくりにもきょうみがあって、パンやケーキなどをつくったことがある。柔道着《じゅうどうぎ》もこまめに洗《あら》うくせがついていた。生活を工夫《くふう》して節約《せつやく》するのも楽しかった。

ところが、問題は柔道《じゅうどう》の面での自立だった。

大学での練習の課題《かだい》はたった一つ、「自分に必要《ひつよう》なことを見つけて練習すること」だった。大学生になったら、もう一人前のおとな、一人前の柔道家《じゅうどうか》だ。自分のことは自分で決めて、自分で実行し、その責任《せきにん》も自分でとらなければならないのだ。

しかし、これまでは道場の先生や、落合監督《おちあいかんとく》・土田美知恵《つちだみちえ》コーチが練習メニューを決め、やりかたを教えてくれていた。そして、「ここがよい」、「ここがわるい」と具体的《ぐたいてき》な指導《しどう》をしてくれていた。

そのやりかたになれていた友子にとって、この筑波大学《つくばだいがく》のやりかたは、急にぽんと野に放り出されたような心細さを感じさせた。

そのときたよりになったのが、柔道部《じゅうどうぶ》の先輩《せんぱい》たちの存在《そんざい》だ。

「何もしないでも大学4年間はあっという間にすぎていってしまう。流されるだけで終わってはもったいないよ」

そんなアドバイスをうけて、友子はまわりの先輩《せんぱい》たちをよく観察《かんさつ》するようになった。


だれがどんな練習をしているか。

なぜ、その練習をしているのか。

どんなときに、人に意見を求《もと》めているか。


そういったことを見ていくうちに、なんとなくどうすればいいのかがわかってきた。そして、自分であれこれと勉強し、自分にたりないものを客観的《きゃっかんてき》にさがし始めた。

筑波大学《つくばだいがく》で自分がうけた教えと同じように、後輩《こうはい》に教えている

「柔道《じゅうどう》には〝これでかんぺき〟というゴールはありません。つまり、どんな柔道家《じゅうどうか》にも必《かなら》ず課題《かだい》はあるはずなのです。でも、それが自分のこととなると、具体的《ぐたいてき》に見つけるのがとてもむずかしいのです。人のことならよく見えるのに、自分のことは見えないのですね。

だから、本を読んだり、人に聞いたり、一人で考えをめぐらしたりして、客観的《きゃっかんてき》に自分を見るように心がけました」

大学での授業《じゅぎょう》が、物事を考える

練習にもなった。

大学《だいがく》では、柔道《じゅうどう》だけやっていればいいのではなく、学業もきちんとやらなければならない。授業《じゅぎょう》に出ていねむりをしていては、まちがいなく進級《しんきゅう》できない。しかしその分、ためになる内容《ないよう》が多かった。食事の栄養管理《えいようかんり》のこと、専門的《せんもんてき》な減量《げんりょう》のしかた、柔道《じゅうどう》の歴史《れきし》、心のしくみ……などなど。このほか柔道《じゅうどう》とは関係《かんけい》ない分野の話にもピンとくるヒントがたくさん見つかった。

それらのヒントを集めて、練習に反映《はんえい》させることを友子はくり返した。

練習でやってみて手ごたえのあったものをのこし、うまくいかなかったものを改良《かいりょう》してやりなおす。また、やってみてうまくいったものをのこし、ダメなものを改良《かいりょう》して……という作業をひたすら続《つづ》ける。

そうして、「自分が理想とする柔道《じゅうどう》」だけをのこしていくことで、少しずつ「自分の柔道《じゅうどう》」ができあがっていった。ときには「これだ」と思ったことがまちがっていたり、「自分のものにできた」と思ったことが、やっぱり身についていなかったりして、やりなおすことも多かった。だが、友子はあきらめなかった。ゆっくりした歩みでも前進していることが楽しかったからだ。

そうするうちに、友子はまた少しずつ試合《しあい》で勝てるようになってきた。まだ山あり谷ありで、体が思うように動くときもあれば、そうでないときもあった。調子がよくても負けるときがあるかと思えば、調子がわるくても勝てるときもあった。それは、自分の柔道《じゅうどう》が完全《かんぜん》には安定していなかったからだ。

調子があがってきた2006年、友子はこのまま復活《ふっかつ》できるかもしれないと感じていた。

ところが、ある大会で年下の選手《せんしゅ》に負けてしまう。「もうこれまでか」とくじけそうになった。

しかし、「まだやりのこしたことがある」、「最後《さいご》までやらずに辞《や》められない」と考えなおし、あらためて練習にとり組んだ。

そんなもがきのなかで一つ、友子がつかんだこたえがある。それは「自分の柔《じゅう》道《どう》だけをおし通していてはダメ」ということだ。

これまでは、がむしゃらに自分の柔道《じゅうどう》を出してきた。相手がだれでも全力で戦《たたか》うのみだった。

しかし、よく考えれば、相手が変《か》われば作戦《さくせん》も変《か》わるのは当然《とうぜん》のことだ。それにあわせて、自分の戦《たたか》いかたもある程度《ていど》、変《か》えなくてはいけないのでは、と気づいたのだ。

これは「自分の柔道《じゅうどう》をすてる」という意味ではない。自分の柔道《じゅうどう》にはばをもたせて、相手にあわせて一番よい部分を出すという意味だ。

今まで友子がのばそうとしてきた「動きの速さ」や「技《わざ》のするどさ」や「力の強さ」といったようなものだけでなく、これからは「技《わざ》のつなげかた」や「スピードの変化《へんか》のつけかた」や「試合《しあい》の組み立てかた」など、あらゆることをのばしていく必要があった。

軽量級《けいりょうきゅう》ではとくに、試合《しあい》のかけひきが重要《じゅうよう》になってくる。決められた時間のなかで、いかに自分のペースにもっていけるかが勝負のわかれめになるのだ。そのためには、相手のミスをさそうような動きをしたり、相手に反則《はんそく》をさせてポイントをうばったりもしなくてはならない。

柔道《じゅうどう》のはばを広げることを意識《いしき》すると、自然《しぜん》と相手を見ることが身について
いった。「相手」を観察《かんさつ》して、その行動によって「自分」を変《か》える。また反対に、
「自分」を観察《かんさつ》して、それが「相手」にあっているかを判断《はんだん》する。つまり、「自分
も見ながら、相手も見る」ことができるようになったのだ。
これこそが「自分で考えて戦《たたか》う」ということのこたえなのだった。

絶頂期《ぜっちょうき》の感覚《かんかく》をこえた！

2007年の全日本選抜柔道体重別選手権大会《ぜんにほんせんばつじゅうどうたいじゅうべつせんしゅけんたいかい》48kg級の決勝。
出産《しゅっさん》のため2年ぶりの復帰《ふっき》となった谷選手《たにせんしゅ》と、友子はふたたび対戦《たいせん》した。友子
はいい緊張感《きんちょうかん》をもって、たたみの上に立っていた。
試合開始《しあいかいし》の合図が鳴り、二人は組みあった。友子は谷選手《たにせんしゅ》の全身を見て、動き
や表情《ひょうじょう》を読みとり、びんかんに自分の動きに活《い》かした。
谷選手《たにせんしゅ》が技《わざ》をかけてくる。友子がすばやくかわす。また、かけてくる。今度は
かわすと見せかけて、友子のほうから技《わざ》をしかける。

2007年の決勝、出足はらいが決まった瞬間《しゅんかん》だ。女王とよばれた谷選手《たにせんしゅ》に二度勝った選手《せんしゅ》は友子だけである

そんなふうにかけひきをしながら、少しずつ相手をくずしていった。そして、一瞬《いっしゅん》のすきをついて、友子が出足《であし》はらいをかけた。出足はらいは、相手の足をはらって一気に横にたおす技《わざ》で、とてもむずかしい技《わざ》とされている。

審判《しんぱん》の「有効《ゆうこう》」のハタがあがった！　有効《ゆうこう》は「効果《こうか》」よりもポイントが大きいが、試合《しあい》は続行《ぞっこう》される。最後《さいご》の一瞬《いっしゅん》まで、友子は気をゆるめなかった。結局《けっきょく》、最後《さいご》まですきを見せなかった友子が、谷《たに》選《せん》手《しゅ》から二度めの勝利《しょうり》をもぎとった。

「自分のやってきたことが正しかったということが証明《しょうめい》されて、めちゃくちゃ達成感《たっせいかん》がありました。これは文句《もんく》なしの勝利《しょうり》でした。自分で考えてやりとげた結果《けっか》へのはく手。それがすなおにうれしかったです。

前に谷選手《たにせんしゅ》に勝ったときとはまったく別次元《べつじげん》の感動で、心も体もいっぱいに満《み》たされました。よろこびでどんどんふくらんでいって、はじけてしまいそうなくらいでした」

友子の復活《ふっかつ》に日本中がわいた。「あのヤワラちゃんに二度も勝った女」として、みんなの目が集まった。

北京《ペキン》オリンピック代表の落選《らくせん》で学んだこと

この体重別選手権《たいじゅうべつせんしゅけん》は、次の年に行われる北京《ペキン》オリンピックにつながる重要《じゅうよう》な選考会《せんこうかい》でもあった。当然《とうぜん》、だれもが優勝《ゆうしょう》した友子が日本代表に選《えら》ばれるものと思いこんでいた。

ところが、ふたを開けてみれば、日本代表に指名されたのは2位《い》の谷選手《たにせんしゅ》だった。けれど、「世界での実績《じっせき》がたりないため」という落選《らくせん》の理由を、友子は冷静《れいせい》にうけ止めていた。

「なぜわたしを選《えら》ばないのですか！　と言えるほどの強さも自信《じしん》も、わたしにはなかったのです。それが一番の原因《げんいん》だったと思います」

問題となった体重別選手権《たいじゅうべつせんしゅけん》で、友子は知らず知らずのうちに目標《もくひょう》を「打倒《だとう》！谷選手《たにせんしゅ》」にしてしまっていた。2002年に彼女《かのじょ》に勝利《しょうり》してから柔道人生《じゅうどうじんせい》がくるってしまい、長くスランプが続《つづ》いた友子にとって、そこからの復活《ふっかつ》を宣言《せんげん》するには、「もう一度谷選手《たにせんしゅ》をたおすしかない」という思いこみがあった。

「本当は、もっと先の世界を見なければならなかったのに、わたしは谷選手《たにせんしゅ》ばかり見ていました。だから、彼女《かのじょ》にふたたび勝ったとき、それで満足《まんぞく》してしまったのです。まだ、その向こうに世界への道が続《つづ》いていることを、わたしは見落としてしまっていた……。

子どものときから、あんなに世界で戦《たたか》うことにあこがれていたのに、具体的《ぐたいてき》な道をちっとも見ようとしていなかった。そんな自分にがっかりしました」

北京《ぺきん》オリンピックを前にして谷選手《たにせんしゅ》が出場した世界選手権《せかいせんしゅけん》で、谷選手《たにせんしゅ》はかんぺきともいえる勝ちかたをした。

それを見た友子は、とてもくやしかったという。

「わたしが出たかったのに、というくやしさではありません。もし自分が出ていたら、こんなかんぺきな勝ちかたができただろうかと考えてしまう自分がくやしかったのです」

この経験《けいけん》は、友子にとって大きなショックだった。柔道《じゅうどう》のむずかしさをあらためて知った。自分のあまさを痛感《つうかん》した。そして、自分が本当にやりとげたいことは「オリンピックでの金メダル」だということを強く意識《いしき》した。

友子は世界選手権《せかいせんしゅけん》のふんいきを初《はじ》めて体験《たいけん》し、「次こそは、自分が日本代表になる」と気持ちをかためた。

そして、ここからロンドンオリンピックへの4年間の道のりが始まる。

第5章

オリンピックに出るためにしたことは？

柔《じゅう》道《どう》世《せ》界《かい》一《いち》にいどむ日々

北京《ぺきん》オリンピックの代表になれなかったわたしは、4年後のオリンピックに向けて、**今から何をしなければならないかを一つずつあげていきました。**

まず、わたしは2009年の世界《せかい》選手権《せんしゅけん》での優勝《ゆうしょう》を目標《もくひょう》に決めました。その世《せ》界《かい》選手権《せんしゅけん》に出るためには、「体重別《たいじゅうべつ》選手権《せんしゅけん》」で優勝《ゆうしょう》し、日本で1位《い》にならなければなりません。

わたしは一つひとつの試合《しあい》を大切にして、たくさん「勝ち」を重ねていきました。そして、体重別《たいじゅうべつ》選手権《せんしゅけん》でライバルといわれた山岸絵美《やまぎしえみ》選手《せんしゅ》をくだして優勝《ゆうしょう》し、晴れて世界《せかい》選手権《せんしゅけん》へのきっぷを手にしたのです。

9月に行われた世界《せかい》選手権《せんしゅけん》は、わたしにとって初《はじ》めての大舞台《おおぶたい》でした。緊張《きんちょう》しながらも、「ようやくここまできた」という感動がありました。

準決勝《じゅんけっしょう》では、北京《ぺきん》オリンピックの金メダリスト、アリナ・ドゥミトル選手《せんしゅ》と戦《たたか》いました。一本勝ちが決まり、勝利《しょうり》の波に乗ったわたしは、決勝でも「技《わざ》あり」で優勢勝《ゆうせいが》ちをはたしました。世界選手権初出場《せかいせんしゅけんはつしゅつじょう》にして初優勝《はつゆうしょう》です。自分で立てた目標《もくひょう》を達成《たっせい》できて、わたしは絶好調《ぜっこうちょう》でした。

ところが、世界王者となったことで「勝ち続《つづ》けなければならない」というプレッシャーを味わうことになりました。「負けられない」、「弱味を見せられない」という重圧《じゅうあつ》から、わたしはまたしても自分の柔道《じゅうどう》を見失《みうしな》ってしまいました。試合《しあい》をしても、攻《せ》めることをわすれて守ってばかり。そんな戦《たたか》いかたで勝てるはずがありません。当然《とうぜん》のことながら、次の年、その次の年と2年連続《れんぞく》で浅見八瑠奈選手《あさみはるなせんしゅ》に負け、世界選手権《せかいせんしゅけん》で2位《い》にしかなれませんでした。

オリンピックまでの4年のうち、最初《さいしょ》の年に優勝《ゆうしょう》しても、その後2年連続《れんぞく》で負けたのでは、最初《さいしょ》の優勝《ゆうしょう》など帳消しです。世の中もわたし自身も「ロンドンオリンピックにいくのは浅見選手《あさみせんしゅ》だろうな」と思いました。わたしはほとんどオリンピックをあきらめかけていました。

けれども、わたしは柔道《じゅうどう》をきらいになったまま終わらせることはできませんでした。もう一度勝つよろこびを味わってからでないと、死ぬときまで一生、「あのとき、もうちょっとがんばっていれば」って、くやしくなると思ったからです。

そして、練習の後、わたしはどうにか浅見選手《あさみせんしゅ》をたおし、ギリギリのところでロンドンオリンピック行きのきっぷを勝ちとることができました。

オリンピックの舞台《ぶたい》へは、とてもリラックスしてのぞめました。体調もよく、心配なこともなく、いつもどおりに戦《たたか》って、いつもどおりに勝つだけでした。優《ゆう》勝《しょう》して金メダルを持って帰ること以外《いがい》、考えていませんでした。

あこがれから目標《もくひょう》になったオリンピック

北京オリンピックのときに谷亮子《たにりょうこ》選手《せんしゅ》に勝利《しょうり》しながらも出場をのがした友子は、心にぽっかりとあなが開いたようになってしまった。その気持ちのままのぞんだ2008年の選抜体重別選手権《せんばつたいじゅうべつせんしゅけん》では、まさかの1回戦負《かいせんま》け。しかも、別《べつ》の試合《しあい》で足を骨折《こっせつ》する大けがまで負い、またしてもくるしい立場になってしまう。

ところが、このけがが友子にとってよい方向に働《はたら》いた。

友子はこれまでけがらしいけがをしたことがなかった。「けがが少ないことが一つの才能《さいのう》だ」と落合正利監督《おちあいまさとしかんとく》にも言われたほどだ。しかし、初《はじ》めてのけがを経《けい》験《けん》したことで、二つの大きな発見をすることができた。

一つは、練習ができなくて、あらためて自分には柔道《じゅうどう》しかないと知れたこと。

動けない間、柔道《じゅうどう》がしたくてたまらず、体がウズウズするのをおさえるのが大《たい》変《へん》だった。今すぐに道着を着て、道場まで走って行きたいくらいだった。試合《しあい》で負けてへこんでいた気持ちはいつの間にかどこかへ消えてしまい、「早く試合《しあい》がしたい！」という前向きな気持ちに変《か》わっていた。

二つめは、けがのリハビリテーションをとおして自分の体と向きあい、体の正しい使いかたを学んだこと。

けがからの復帰《ふっき》にあたって、友子は国立スポーツ科学センター（ＪＩＳＳ《ジス》）で専門的《せんもんてき》なリハビリテーションをうけた。そのとき、けがをした足だけでなく、全身の骨《ほね》や筋肉《きんにく》のバランスについても細かい指導《しどう》をうけることができた。

「専門的《せんもんてき》なトレーニングをうけたことで、体に一本、太くて強い軸《じく》ができました。軸《じく》ができたことで、より思いどおりに動けるようになりました」

これまでずっと強くなるために全速力で走り続《つづ》けてきた友子にとって、けがで休んだ期間は、心と体両方の活力をたくわえる絶好《ぜっこう》の機会《きかい》になった。

そんなさなかの2008年、北京《ぺきん》オリンピックが開かれた。友子は代表になった大学の先輩《せんぱい》の手伝いのため北京《ぺきん》まで行き、谷選手《たにせんしゅ》の試合《しあい》を間近で観戦《かんせん》した。ところが、あれほど強かった谷選手《たにせんしゅ》が準決勝《じゅんけっしょう》でやぶれ、銅《どう》メダルという結果《けっか》に終わってしまう。

友子は谷選手《たにせんしゅ》の試合《しあい》を観戦《かんせん》しながら、「自分ならどう戦《たたか》うか」を自問自答していた。そうするなかで、「いつかオリンピックに出たい」という希望《きぼう》から、「絶対《ぜったい》に次のオリンピックに出るぞ」という決意へと変《か》わっていった。

世界選手権《せかいせんしゅけん》に優勝《ゆうしょう》し、一つめの目標《もくひょう》を達成《たっせい》

4年後のロンドンオリンピック出場を目標《もくひょう》にかかげた友子は、そこからさかのぼって、やらなければならないことを具体的《ぐたいてき》に考えた。

まず、世界選手権《せかいせんしゅけん》に出て優勝《ゆうしょう》し、世界での実績《じっせき》をつくること。そのためには、その前に行われる体重別選手権《たいじゅうべつせんしゅけん》で勝って、世界選手権《せかいせんしゅけん》に出る権利《けんり》を得《え》なければならない。

ロンドンオリンピックまでの4年間は、世界の柔道《じゅうどう》のルールが大きく変《か》わった時期でもあった。

一番大きな変化《へんか》は、2009年から世界ランキング制《せい》が始まったことだ。世界ランキング制《せい》では、おもな国際大会《こくさいたいかい》の成績《せいせき》によってポイントがあたえられる。女子の場合は、ポイントの数が世界で上位《じょうい》14番めまでに入ることがオリンピックに出る条件《じょうけん》だ。つまり、たとえ日本で1番でも、世界で15番めだったらオリンピックには出られないのだ。出場できる人数は、今までどおり、各国各階級《かっこくかくかいきゅう》一人だけだ。

また、それ以外《いがい》にも2年に1回だった世界選手権《せかいせんしゅけん》が毎年開かれるようになったり、技《わざ》の制限《せいげん》ができたりといった変化《へんか》があった。これらの変化《へんか》についていくのも手さぐりで、まったく心の余裕《よゆう》がなく、あっという間に月日が流れていった。

合宿や試合《しあい》が増《ふ》えて、体力的《たいりょくてき》にもいっぱいいっぱいだった。世界ランキング制《せい》で順位《じゅんい》をあげるためには、たくさんの試合《しあい》に出なければならないからだ。

合宿では、早朝6時から練習が始まる。6時から8時までは、2時間ぶっとおしで走りこみをする。その後、食事をとって、いったん部屋にもどって寝《ね》る。10時から12時半までは、基礎練習《きそれんしゅう》と寝技《ねわざ》の練習をする。また、昼食をとってから寝《ね》て、3時半から6時半まで立ち技《わざ》や対戦形式《たいせんけいしき》での練習をする。夜は反省会《はんせいかい》をしたり、マッサージをうけたり、道着の洗《せん》たくをしたりしなければならない。

練習の合間に「寝《ね》る」のも練習の一つだ。すこしでも横になって体を休めないと、後の練習でバテてしまうのだ。そんな日々《ひび》が1週間続《つづ》く。

「合宿中は、東京にある味《あじ》の素《もと》ナショナルトレーニングセンターという合宿所にとじこもって、ひたすら練習、練習、練習！　食事は食堂《しょくどう》で用意されるし、マッサージも専門的《せんもんてき》なものがうけられるので、合宿所の外に出る必要《ひつよう》はありません。たった一つの息ぬきといえば、近くのコンビニに行くことくらいです」

そんな過酷《かこく》な日々《ひび》を乗りこえ、友子は２００９年４月の体重別選手権《たいじゅうべつせんしゅけん》に出場する。決勝では、友子より一つ年下の山岸絵美選手《やまぎしえみせんしゅ》と対戦《たいせん》した。山岸選手《やまぎしせんしゅ》は技《わざ》のキレがばつぐんによい。友子は持ち前のねばり強さで地道に技《わざ》を重ねていき、最後《さいご》には相手をおさえて勝利《しょうり》した。

ふたたび48kg級の日本一に返り咲《ざ》いた友子は、そのままの勢《いきお》いで2009年9月の世界選手権《せかいせんしゅけん》にのぞんだ。

世界選手権《せかいせんしゅけん》は、オランダのロッテルダムで開かれた。友子は順調《じゅんちょう》に勝ちすすみ、準決勝《じゅんけっしょう》でルーマニアのドゥミトル選手《せんしゅ》とあたった。ドゥミトル選手《せんしゅ》は北京《ペキン》オリンピックで谷選手《たにせんしゅ》をやぶった金メダリスト。準決勝《じゅんけっしょう》とはいえ、事実上の決勝戦《けっしょうせん》のようなものだ。

この対戦《たいせん》で友子は、小外《こそと》がりをくり出し一本勝ちをする。小外がりは、相手を追いこみ、にげようと半身になったところを、体の後ろ側《がわ》から足をすくってたおす技《わざ》だ。波に乗った彼女《かのじょ》は、決勝でも「技《わざ》あり」で優勢勝《ゆうせいが》ちをした。技《わざ》ありはもう少しで一本になるような技《わざ》をかけると認《みと》められる判定《はんてい》。2回認《みと》められると「あわせて一本」となり、その場で勝ちが決まる。

友子は初《はじ》めて出場した世界大会で、みごとに優勝《ゆうしょう》をはたした。これで一つ「世界での実績《じっせき》」ができ、ロンドンオリンピックに近づくことができた。

世界王者として追われるプレッシャー

48kg級の世界王者となった友子は、追う側《がわ》から追われる側《がわ》へ立場が逆転《ぎゃくてん》した。若手《わかて》の選手《せんしゅ》はどんどん成長《せいちょう》してくる。追われる側《がわ》になって初《はじ》めて、友子は「王者」としてのプレッシャーを味わった。

「下から追われるつらさは、頂点《ちょうてん》に立った人しかわからないかもしれません。いつたおされるか、いつ追いこされるかと気が休まるときがないのです。いつもピリピリしていました。上を見て追う側《がわ》のほうがどれほど気が楽だったことか」

と、当時を思い出して友子はしみじみと語った。

合宿での練習は、王者である友子を中心にすすめていく。何事も先頭に立って、みんなのお手本にならなくてはならない。弱音など絶対《ぜったい》にはけないし、つらそうな顔をすることもゆるされない。たとえ練習試合《れんしゅうじあい》でも負けるわけにはいかない。つまらない負けかたをしようものなら、王者としての誇《ほこ》りが丸つぶれだ。

そんなプレッシャーが、友子を「守り」に入らせた。

友子はまた少しずつ勝てなくなっていき、とうとう次の2010年の世界選手《せかいせんしゅ》権《けん》では、決勝で3歳《さい》年下の浅見選手《あさみせんしゅ》に負けてしまう。そして2011年の世界選手権《せかいせんしゅけん》でも同じく決勝で浅見選手《あさみせんしゅ》に負けた。

世間は「次のロンドンオリンピック代表は浅見選手《あさみせんしゅ》だろう」と見ていた。

友子自身も「自分はここまでかもしれない」という思いがチラッと心によぎったという。

「自分でもオリンピックに出られそうもないことがよくわかっていました。所属《しょぞく》チームの先生にも、期待にこたえられずにもうしわけありませんと頭をさげました。ほとんど気持ちはきれていました」

ところが、友子は最後《さいご》の最後《さいご》にもう一度立ちあがった。

それは、「このまま柔道《じゅうどう》をきらいになって終わってもいいの?」という、自分の心の声が聞こえたからだ。

「自分の柔道《じゅうどう》をできずに情《なさ》けない負けかたをしたままで辞《や》めたら、一生、後悔《こうかい》がのこる」と思いました。

「こんなふうに柔道《じゅうどう》をきらいになるために、今までがんばってきたわけじゃない！　もう一度、柔道《じゅうどう》を好《す》きになるんだ！」と思いました。

「自分だけでなく、家族やまわりの先生がた、わたしを応援《おうえん》してくれる人たちを裏切《うらぎ》ることはできないという思いもありました」

これまでにもどん底《ぞこ》を味わい、そこからはいあがってきた友子だ。とことん追いつめられてからが強い。それは彼女《かのじょ》の柔道《じゅうどう》の戦《たたか》いかたと同じだ。

確《たし》かに、オリンピックへの一番のアピールになる世界選手権《せかいせんしゅけん》では負けてしまった。しかし、まだ代表の選考《せんこう》にかかわる国際試合《こくさいじあい》は四つのこっている。そこで勝って「福見友子、ここにあり！」とみんなに見せつけることができれば、代表に選《えら》んでもらえる可能性《かのうせい》はゼロではない。

だが、2011年12月のグランドスラム・東京《とうきょう》で、友子はまたしても浅見選手《あさみせんしゅ》に負けてしまう。世界選手権《せかいせんしゅけん》に続《つづ》き、3度めの追いうちをかけられた。人々はみ

2011年の「グランドスラム・東京《とうきょう》」での試合《しあい》。この大会が友子の復活《ふっかつ》のきっかけとなる

んな「ああ、これで本当に福見は終わった」と思った。

ところが、友子だけは「あ、何かいけそう！」という手ごたえを感じていた。守りにばかり入って自分の柔道《じゅうどう》ができずにいたのが、この試合《しあい》ではちがった。「かつての感覚《かんかく》」がもどってくる予感がしたのだ。

「負けはしたものの、その試合《しあい》がとても楽しかったのです。また柔道《じゅうどう》を好《す》きになれたことがうれしかった。

そして、このまま続《つづ》けていけば、いい形で柔道人生《じゅうどうじんせい》に花を咲《さ》かせられるかもしれないと思いました」

人をたよることをおぼえて、より強くなる

のこりの三つの大会でよい結果《けっか》を出さなければならない友子は、専属《せんぞく》のコーチをつけてもらった。第三者の目で見た、客観的《きゃっかんてき》な意見をもらいたかったからだ。

友子の専属《せんぞく》コーチとなったのは、小川武志《おがわたけし》だった。60kg級の柔道選手《じゅうどうせんしゅ》として、日本チャンピオンになったこともある実力者だ。小川《おがわ》コーチは日ごろの練習から海

外の試合《しあい》まで、友子が行くところはどこにでもついていきて、細かく調べたりアドバイスをくれたりした。

大学入学からこれまでずっと自力だけでやってきた友子にとって、「人をたよる」という経験《けいけん》は大きかった。人をたよるには、まず自分の弱さを自覚《じかく》しなければならない。また、アドバイスをくれる相手を信頼《しんらい》することも必要《ひつよう》だ。友子は自分の弱さを見つめ、人を信《しん》じることで、またひとまわり大きく成長《せいちょう》した。

小川《おがわ》コーチのおかげもあって、友子は2012年1月のワールドマスターで浅《あさ》見選手《みせんしゅ》をやぶって優勝《ゆうしょう》をはたした。また、けがで浅見選手《あさみせんしゅ》が欠場《けつじょう》した2月のグランドスラム・パリでは、ブラジルのサラ・メネゼス選手《せんしゅ》をやぶって優勝《ゆうしょう》した。そうやって、すれすれの状態《じょうたい》で5月の体重別選手権《たいじゅうべつせんしゅけん》へと望《のぞ》みをつないだ。

5月になり、オリンピックへの最後《さいご》のチャンスである体重別選手権《たいじゅうべつせんしゅけん》がやってきた。一歩リードしている浅見選手《あさみせんしゅ》と戦《たたか》って勝つことが絶対《ぜったい》の条件《じょうけん》だ。

友子は眠《ねむ》れないまま試合《しあい》にいどんだ。

「勝っても負けてもすべてを出しきるしかない。後は楽しんでやるだけ」と開きなおった友子は、試合直前《しあいちょくぜん》になると落ちつきをとりもどし、サッパリとすがすがしい気持ちでたたみにあがった。

1回戦《せん》、友子は山崎珠美選手《やまざきたまみせんしゅ》との試合《しあい》で積極的《せっきょくてき》に攻《せ》めて、あわせ技《わざ》での一本勝ちを決める。

そんな友子とは対照的《たいしょうてき》に、浅見選手《あさみせんしゅ》は緊張《きんちょう》とプレッシャーから、自分の柔道《じゅうどう》をすることができなかった。友子が勝ったとなりのたたみで、高校3年生の岡本理《おかもとり》帆選手《ほせんしゅ》に判定《はんてい》でやぶれてしまったのだ。

オリンピック代表に一番近かったはずの浅見選手《あさみせんしゅ》だが、ふりきってもふりきっても後ろからヒタヒタとついてくる友子の存在《そんざい》に追いつめられ、平常心《へいじょうしん》を保《たも》つことができなかった。

浅見選手《あさみせんしゅ》と決勝で戦《たたか》うことになると思っていた友子は一瞬《いっしゅん》、「えっ」と目をうたがった。しかし、「自分の柔道《じゅうどう》をするだけ」という思いで、なんとか気持ちを落ちつかせた。

決勝戦《けっしょうせん》には、浅見選手《あさみせんしゅ》をやぶった岡本選手《おかもとせんしゅ》が勝ちあがってきた。友子はとてもいい状態《じょうたい》でリラックスしていた。そして、柔道《じゅうどう》への思いをすべてぶつけるようにして、イキイキと戦《たたか》った。相手の得意《とくい》な組手をさせないで、背負《せお》い投げや足技《あしわざ》をしかけていった。そして、ポイントはうばえなかったものの、結局《けっきょく》3対0の判定《はんてい》勝《が》ちをおさめた。

優勝《ゆうしょう》が決まった後、友子のもとにかけよる浅見選手《あさみせんしゅ》の姿《すがた》があった。声をあげて泣《な》きながら、友子と肩《かた》をだきあい、その勝利《しょうり》を祝《いわ》ってくれた。

3時間後、友子が48kg級の代表に選《えら》ばれた。浅見選手《あさみせんしゅ》の初戦敗退《しょせんはいたい》と、友子の優《ゆう》勝《しょう》が決定打となった。

浅見選手《あさみせんしゅ》もオリンピックにいきたい気持ちは、友子と同じだったはずだ。しかし、その夢《ゆめ》がやぶれても相手をねたむことなく、心から「がんばってきてね」と言ったのだ。そんな彼女《かのじょ》を友子はとても誇《ほこ》らしく思った。

「浅見選手《あさみせんしゅ》がいたから、わたしはここまできびしい練習にもたえてこられたし、強くなれました。彼女《かのじょ》はライバルではありません。同じ目標《もくひょう》に向かってすすむ仲《なか》間《ま》であり、自分の分身のような存在《そんざい》です」

友子は浅見選手《あさみせんしゅ》や仲間たちの思いも背負《せお》って、ロンドンへ旅立った。

「いつもどおり」という落としあな

ロンドンオリンピック柔道《じゅうどう》48kg級の試合《しあい》は２０１２年7月28日に行われた。開会式の次の日で、すべての競技《きょうぎ》の先頭をきってのスタートだ。友子は10日ほど前にロンドンに行き、入念《にゅうねん》に調整をした。

友子はどこに行っても、すぐにそこでの生活になじむほうだ。まくらが変《か》わると眠《ねむ》れないとか、外国の料理《りょうり》が口にあわないということはない。まわりにいる選手《せんしゅ》たちもふだん合宿でいっしょの人たちで、共同生活《きょうどうせいかつ》にストレスを感じることもなかった。友子はロンドンの選手村《せんしゅむら》でも快適《かいてき》にくらし、体調的《たいちょうてき》にも精神的《せいしんてき》にも万全の状態《じょうたい》で試合当日《しあいとうじつ》の朝をむかえることができた。

試合会場《しあいかいじょう》は観客席《かんきゃくせき》が近く、応援《おうえん》に来てくれた人の顔がよく見え、声援《せいえん》もはっきりと聞こえた。友子は家族や先生など知った顔をたくさん見つけて安心し、それを力に変《か》えて戦《たたか》った。

「初戦《しょせん》の相手と向かいあうとき、わたしは鳥肌《とりはだ》がたっていました。ピーンとはりつめた空気、高まる気持ち、〝いけるぞ〟という確信《かくしん》。そのときの気分をひと言であらわすなら、〝気持ちいい～!〟です。

わたしは、いつもどおりでいることを心がけていました。だから、初戦《しょせん》、2回《かい》戦《せん》、3回戦《かいせん》と、いつもどおりの平常心《へいじょうしん》でいることに満足《まんぞく》していたのです」

運命の準決勝《じゅんけっしょう》。これに勝てば3位入賞《いにゅうしょう》で、メダルが決まる。

対戦《たいせん》相手は、ドゥミトル選手《せんしゅ》だった。ドゥミトル選手《せんしゅ》は、先の北京《ぺきん》オリンピックで谷選手《たにせんしゅ》をやぶり優勝《ゆうしょう》した人物だ。つまり、オリンピックでドゥミトル選手《せんしゅ》をたおすことが、友子にとっては本当の意味で谷選手《たにせんしゅ》をこえることを意味していた。絶対《ぜったい》に勝たねばならない相手だ。

ところが、友子は無念《むねん》の敗北《はいぼく》をしてしまう。これまで何度も戦《たたか》って、一度も負けたことのない相手に、よりによってオリンピックで負けるとは……。

負けた瞬間《しゅんかん》、友子はぼうぜんとした。一体、自分に何が起こったのかわからなかった。自分が積《つ》みあげてきたものが一瞬《いっしゅん》にしてこわれてしまい、ゼロになっていくようだった。

試合直後《しあいちょくご》のインタビューで、友子はこう言っている。

「このくやしさは一生わすれることができずに、これからも生きていくと思います……」

これだけの言葉をしぼり出すのが精《せい》いっぱいだった。気持ちの整理がつかずに、ただ空白の時間がすぎていった。

友子はその日、しばらくしてから、「この気持ちなんだろう。とってもからっぽです。力、つくしたんだな」という言葉をのこしている。

友子は、それからずっと自分の試合《しあい》をふり返ることができなかった。テレビも見ない、新聞も見ない、自分のことだけでなくオリンピック関連《かんれん》の情報《じょうほう》がわかるものはいっさい目に入らないように、自分から遠ざけた。

オリンピックをふり返って今、思うこと

友子が「あのとき」のことをじっくりふり返ったのは、敗戦《はいせん》から4か月たってから。この本の取材《しゅざい》のときが初《はじ》めてだ。

「オリンピックで負けた瞬間《しゅんかん》、まっ白になった気がしたけれど、今になってみると、〝なんで？　まだたりないんだ〟と思ったことを思い出します。やるべきことはすべてやりつくしたはずなのに、何がたりなかったのか、どこまで努力《どりょく》すればいいのか……と思った気がします」

そして、負けた原因《げんいん》についてはこう考えた。

「〝いつもどおり〟が裏目《うらめ》に出てしまったのだと思います。わたしはリラックスしていることがいいことだと思っていました。

けれど、オリンピックの舞台《ぶたい》では一点にかける高い集中力が必要《ひつよう》だったのです。初《はじ》めて世界選手権《せかいせんしゅけん》に出て優勝《ゆうしょう》したとき、わたしはまわりをよせつけないくらいピリピリしていて、試合《しあい》に入りこみ、わき目もふらず、つきすすみました。

その集中力がオリンピックではたりなかったと思います。5分間の試合《しあい》にすべてをかける気迫《きはく》が、わたしよりドゥミトル選手《せんしゅ》のほうが上まわっていました」

ロンドン行きを決めた直前の体重別選手権《たいじゅうべつせんしゅけん》では、いつもどおりだったからこそ結果《けっか》を出せた。

しかし、オリンピックでは、いつもどおりが通用しなかったのだ。それもこれも終わってみないと、何が正しかったのかわからない。

よく「オリンピックには魔物《まもの》がすむ」と言われる。ふだん起こりえないことがオリンピックでは起こるという意味だ。だが、友子は言う。

「オリンピックに魔物《まもの》はいませんでした。でも、ふだん以上《いじょう》の力を出してくる選《せん》手《しゅ》はいました」

そして、「金メダルを持って帰って、母や落合監督《おちあいかんとく》の首にかけてあげたかった。それが心のこりです」と言葉少なに語った。

じつは、オリンピックで金メダルの夢《ゆめ》をかなえて現役《げんえき》を終えるつもりでいた。けれども、その計画はくるってしまった。今、友子は迷《まよ》っている。これからどういう方向へすすんでいくべきか、何を目標《もくひょう》にするべきか。

オリンピックで燃《も》えつきた選手《せんしゅ》は、長い休養期間《きゅうようきかん》に入ることが多い。そして、そのまま練習場にもどってくることなく、現役《げんえき》を引退《いんたい》してしまうこともある。

ところが、友子はオリンピックから1か月で、道場に帰ってきた。道着を着てあらわれた友子を見て、先生たちは「もどってくるのが早い」と言った。もっとしっかり休んで、自分と向きあってこたえを出せと言うのだ。

だが、友子には「こたえは道場にしかない」とわかっている。

「ずっと柔道《じゅうどう》だけをやってきたから、柔道《じゅうどう》をやることでしか、すすむ道は見えてこないと思うんです。

しばらくは勝ち負けにこだわらずに、じゅんすいに柔道《じゅうどう》を楽しみたい。そのなかでもう一度戦《たたか》うことができるかどうか、自分自身に問いかけます。

いつこたえが見つかるのかはわからないけど、絶対《ぜったい》にげません。きっと納得《なっとく》のいく結論《けつろん》を出します」

友子のすすむ道は、友子にしか見つけられない。

第6章

尊敬《そんけい》する人や
ライバルは
だれですか?

尊敬する人はいっぱい、ライバルはいません

尊敬《そんけい》する人はいっぱいいて、だれか一人をあげるのはとてもむずかしいです。

わたしはこれまで出会ってきたすべての人から、いろんなことを教わりました。

たとえば、**対戦《たいせん》相手は「敵《てき》」ですが、わたしは敵《てき》も尊敬《そんけい》します。**なぜなら、敵《てき》がいて初《はじ》めて、勝つよろこびや負けるくやしさがわかるからです。そういう意味では、すべての人を尊敬《そんけい》しています。

ライバルはいません。オリンピックの代表を争《あらそ》った浅見八瑠奈《あさみはるな》選手《せんしゅ》や山岸絵美《やまぎしえみ》選手《せんしゅ》、偉大《いだい》さを見せつけられた谷亮子《たにりょうこ》選手《せんしゅ》、ロンドンオリンピックで対戦《たいせん》したアリナ・ドゥミトル選手《せんしゅ》などは、新聞などでも「ライバル」と書かれています。

でも、わたしは彼女《かのじょ》たちをライバルだとは思っていません。

「世界一」という目標《もくひょう》に向かって、ともに戦《たたか》い、ともに成長《せいちょう》する「戦友《せんゆう》」や「同志《どうし》」だと思っています。

柔道《じゅうどう》を始めたころは、勝手にライバルを見つけて闘志《とうし》を燃《も》やしたこともありましたが、「柔道《じゅうどう》」というものがわかってくるうちに、だんだんと考えかたが変《か》わっていったのです。

これまで出会った人、応援《おうえん》してくれた人、すべてがわたしにとって大切な存在《そんざい》です。もしみんながいなければ、わたしは柔道《じゅうどう》を続《つづ》けてくることも、オリンピックに出ることもできなかったと思います。

だから、全員にありがとうと言いたいです。

一番近くでわたしをささえてくれたのは、やはり家族です。母は柔道《じゅうどう》を始めるきっかけをあたえてくれました。今でも試合《しあい》があると必《かなら》ず会場まで応援《おうえん》に来てくれて、まるで自分のことのようによろこんだり悲しんだりしてくれます。

母がいつもそばにいてくれるから、とても心強くいられます。最強《さいきょう》の味方と思っています。

父はもうこの世にはいませんが、試合《しあい》にのぞむとき、柔道《じゅうどう》でなやんだときなど、その存在《そんざい》を近くに感じることがあります。そのたびに、「ああ、見守っていてくれるのだな」と温かい気持ちになります。

わたしは大きな試合《しあい》があるときは、試合前《しあいまえ》にいつも父のお墓参《はかまい》りをします。そして、終わった後は報告《ほうこく》に行きます。お墓《はか》の前で手を合わせていると、父と対話できた気がして、心のなかがすっきりします。

兄や姉にも、たくさんささえてもらっています。家で柔道《じゅうどう》を話題にすることはあまりありませんが、二人が応援《おうえん》してくれている気持ちは口に出さなくても伝《つた》わってきます。

金メダルを持って帰るはずだったオリンピックで負けたときも、多くを語らずにいてくれました。もし「ああだ、こうだ」と言われていたら、わたしは家に帰りづらかったことでしょう。一人ぐらしの部屋で引きこもりになっていたかもしれません。

家族以外《かぞくいがい》では、柔道《じゅうどう》の先生がたに多くのことを教わりました。中学校時代は三つの道場をかけもちしましたが、その時々で必要《ひつよう》なことを教えてもらったと思っています。

高校では落合正利《おちあいまさとし》監督《かんとく》と土田美知恵《つちだみちえ》コーチに大変《たいへん》お世話になりました。わたしもいつか、子どもたちに柔道《じゅうどう》のおもしろさや深みを伝《つた》えられる人間になりたい。そのためには、もっともっと柔道《じゅうどう》をきわめ、自分自身をみがかなければならないと思っています。

大学では山口香先生《やまぐちかおりせんせい》を始《はじ》め、多くの先生がたや先輩《せんぱい》がたからご指導《しどう》をうけたり、大きなしげきをうけたりしています。やはり一流の先生や選手《せんしゅ》が集まる場所に、わたしも身を置《お》けたことで、大きなえいきょうをうけたと思います。何より、「自分で考えて戦《たたか》う柔道《じゅうどう》」を身につけられたことが力になっています。

そして、いっしょに戦《たたか》うナショナルチームの仲間《なかま》たち。合宿でくるしいときにグチを言いあったり、試合《しあい》で負けたときにはげましあったり、休みの日に遊びに行ったり、家族より長い時間をいっしょにすごしてきました。もう、わたしの体の一部のような気がしています。

勝ったとか負けたとか、そういうものをこえたところで、わたしたちはつながっています。だから、この先、柔道《じゅうどう》を引退《いんたい》することがあっても、ずっと仲間《なかま》でい続《つづ》けられる自信《じしん》があります。

たからもののような大切な人たちと出会わせてくれた「柔道《じゅうどう》」には、本当に感謝《かんしゃ》しきれません。

わたしは柔道《じゅうどう》ができるかぎり、どんな形でもずっとかかわっていきたいと思っています。それが、柔道《じゅうどう》への恩返《おんがえ》しだと思うからです。

楽しいときもつらいときも友子のそばにいる家族

友子を育てた母・早苗《さなえ》はとても心の強い人だ。夫《おっと》を突然《とつぜん》の事故《じこ》で亡《な》くし、一人で幼《おさな》い子どもを三人も育てることになったときも、決して弱気になったりしなかった。

早苗《さなえ》は友子に一度も柔道《じゅうどう》を無理強《むりじ》いしたことがない。柔道《じゅうどう》を始めたころ、何度か友子が「今日は練習を休もうかな」とつぶやいたことがある。

ふつうの親なら、「あなたがやりたいと言って始めた柔道《じゅうどう》でしょう！　それを休みたいとはどういうこと？」と責《せ》めたり、「どうして行きたくないの？」と理由をたずねたり、「休むことはゆるしません。がんばって行きなさい」と無理《むり》やり行かせたりしそうなものだ。

ところが、早苗《さなえ》はちがった。「じゃあ、友子が自分で休みますって先生に電話してみたら？」と言うだけだった。早苗《さなえ》は友子に「本当に柔道《じゅうどう》を休んでもいいのか」を考えさせ、自分で正しいと思うこたえを出させようとしたのだ。友子はしばらく考え、「やっぱり行く」と言って練習に向かった。

早苗《さなえ》の「自分で考えてこたえを見つけさせる」やりかたは、友子が大きくなってからも変《か》わらなかった。高校でスランプが続《つづ》き、落ちこんでいたときも何も言わなかった。ただ友子が弱音やグチを言うのをだまって聞き、「そう、それはこまったね」と言うくらいだった。

友子が大学生になってからは、家に帰ってもめっきり柔道《じゅうどう》の話をすることはなくなった。早苗《さなえ》はそれを「自立の証《あかし》」としてよろこぶ半面、物たりなくも感じている。

ところで、いつも元気な早苗《さなえ》が、大変《たいへん》な病気になったときの話だ。友子が大学生になって一人ぐらしを始めたある日、早苗《さなえ》は外出先で転んで頭を打った。念《ねん》のため頭の検査《けんさ》をしたところ、脳《のう》のなかに大きなおできが見つかった。もし転んで検査《けんさ》することがなかったら、発見がおくれて命にかかわっていたかもしれない。

すぐに入院し、手術《しゅじゅつ》をすることになった。心配した友子は「柔道《じゅうどう》をやっている場合ではない」と病院にかけつけた。

ところが、ベッドに横たわった早苗《さなえ》は、そんな友子に向かってこう言ったのだ。

「こんなところで何をしているの。柔道《じゅうどう》の練習に行かなくちゃ」

大手術《だいしゅじゅつ》で命を落とす危険《きけん》もある。体が不自由《ふじゆう》になるかもしれない。そんな状態《じょうたい》だというのに、自分のことより友子の柔道《じゅうどう》を気にかけてくれる母。その言葉を聞いて、友子は母の強さや自分への愛情《あいじょう》の深さを知った。そして、母のためにも、がんばらなければならないと思った。友子は自分が柔道《じゅうどう》で強くなって、母に勇気《ゆうき》をあたえたいと思ったのだ。

ロンドンオリンピックの前、友子は「必《かなら》ず金メダルをとって、これまでささえてくれた母に最高《さいこう》のプレゼントをおくりたい」と言っていた。今回、おしくも金メダルはとれなかったが、友子の感謝《かんしゃ》の気持ちは早苗《さなえ》にとどいている。

友子の父・茂《しげる》は、仕事熱心《しごとねっしん》な人だった。口数の少ない人で、日中は銀行員としてまじめに働《はたら》いた。そして、家に帰ってくると、三人の子どもたちと遊ぶのを何よりの楽しみにしていた。

友子自身は父親とすごした思い出はほとんどない。どんな声で、どんなしぐさをしたのか、どんな笑顔《えがお》だったのか、はっきりと思い出すことができないでいる。だが、早苗《さなえ》に言わせると「友子は父親そっくり。兄妹のなかで一番似《に》ている」そうだ。茂《しげる》も男性《だんせい》にしては体が小さかった。友子の後ろ姿《すがた》が、ふと茂《しげる》の背中《せなか》に重なって見えることがある。

早苗《さなえ》は今でも夫《おっと》である茂《しげる》を愛《あい》し、毎日線香《せんこう》をあげている。そして、家族のことを報告《ほうこく》をしている。友子が試合《しあい》にのぞむときは、「お父さんといっしょに戦《たたか》って、たすけてもらいなさい」と言って送り出す。もしかしたら、茂《しげる》は本当に友子といっしょに戦《たたか》っているのかもしれない。だから、その後ろ姿《すがた》が似《に》るのではないか。

友子の兄・俊彦《としひこ》は、熱心《ねっしん》に友子の柔道《じゅうどう》を応援《おうえん》してくれる。ロンドンオリンピックには、3歳《さい》の息子をつれて来てくれた。観客席《かんきゃくせき》から聞こえる兄の声に、ずいぶんと勇気《ゆうき》づけられたと友子自身が語っている。

姉の千晴《ちはる》は、柔道家《じゅうどうか》としての友子を応援《おうえん》してくれる俊彦《としひこ》とはちがい、「妹としての友子」として接《せっ》してくれる。

小さいころ、友子は千晴《ちはる》の後をついてまわる「お姉ちゃん子」だった。千晴《ちはる》はそんな友子をかわいがる、めんどう見のよい姉だった。その関係《かんけい》は今も続《つづ》いている。

柔道《じゅうどう》の父・落合《おちあい》監督《かんとく》と柔道《じゅうどう》の母・土田《つちだ》コーチ

柔道《じゅうどう》の師《し》である落合監督《おちあいかんとく》と土田《つちだ》コーチとの出会いは、友子が中学生のときにさかのぼる。友子の通う中学校に柔道場《じゅうどうじょう》がなく、練習のために通い始めた土浦日大《つちうらにちだい》高校《こうこう》の柔道部《じゅうどうぶ》の先生として、この二人がいた。

落合監督《おちあいかんとく》のことを友子は「柔道《じゅうどう》の父」と言う。

「柔道《じゅうどう》のおもしろさを教えてくれたのが落合監督《おちあいかんとく》です。監督自身《かんとくじしん》がとても柔道《じゅうどう》が好《す》きで、しかも研究熱心《けんきゅうねっしん》です。監督《かんとく》は自分が研究したことをおしみなくすべて、わたしたちにあたえてくれました。部員のやる気をひき出すのもうまいし、柔道《じゅうどう》を教えるのもうまい。指導者《しどうしゃ》としてすごいと思います」

落合監督《おちあいかんとく》の練習はとてもきびしい。一つの技《わざ》をとことん練習して、体が自然《しぜん》に動《うご》くまでやらされる。

だが、それはただ勝つためではない。「勝負に勝つことは二の次で、まず自分の柔道《じゅうどう》をきわめることが大事だ」と友子は教わった。

そのためには地道に練習をくり返すしかない。練習時間は長く、休みもなかった。

中学高校時代の落合監督《おちあいかんとく》は、友子にとって「信頼《しんらい》できる父」であるのと同時に、「きびしくて、こわい人」だった。監督《かんとく》が話しているときは、かならず正座《せいざ》か直立《ちょくりつ》不動《ふどう》だ。そして、監督《かんとく》の目を見て、「はい!」と返事しなくてはならない。監督《かんとく》にさからうことなど、部員はだれ一人思いもよらなかった。だが、今はきびしいばかりの人でないことを、友子はよく知っている。

友子がロンドンでメダルをのがしたとき、ほとんどの人はねぎらいの言葉やはげましの言葉をかけてくれた。しかし、落合監督《おちあいかんとく》だけはぜんぜんちがう内容《ないよう》のメールを送ってきた。

「くやしい。リオ行くぞ」

リオというのは、次のオリンピックが開かれるブラジルのリオデジャネイロのことだ。

メールをうけて友子は「落合監督《おちあいかんとく》らしい」と思った。その後、いっしょに食事をしたときも、落合監督《おちあいかんとく》はしきりに「リオだな。次はリオだ」とくり返していた。

「かわいい弟子《でし》をちっともあまやかしてくれません」と友子は笑《わら》いながら言う。

「でも、それが落合監督《おちあいかんとく》の愛情《あいじょう》なんです。きびしくされたほうが、わたしはうれしかったから」

高校時代、谷選手《たにせんしゅ》に初《はじ》めて勝った後にスランプになったときも、「柔道《じゅうどう》を辞《や》めるか、とことんやるか、どっちだ?」と、落合監督《おちあいかんとく》は友子に究極《きゅうきょく》の選択《せんたく》をせまってきた。そして、友子が「やります」とこたえると、にんまり笑《わら》って「だよな?」と言った。あのときも友子は「うまく乗せられた」と思ったという。落合監督《おちあいかんとく》は

ロンドンオリンピックの後に落合監督《おちあいかんとく》と。練習のとき以外《いがい》は、ギャグを言ってなごませてくれる

友子の柔道《じゅうどう》好《ず》きを知っていて、その心理をうまく利用《りよう》し、柔道《じゅうどう》へと向かわせたのだ。そして、ロンドンオリンピックでもまた、同じように彼《かれ》は友子を乗せようとした。

ロンドンオリンピックを柔道人《じゅうどうじん》生《せい》のまとめと考え、オリンピック後は引退《いんたい》をほのめかしていた友子が今、現役《げんえき》を続《つづ》けるかどうか迷《まよ》っている。それは、落合監督《おちあいかんとく》の「次はリオだな」という言葉があったからだ。

土田《つちだ》コーチは友子にとって「柔《じゅう》

道《どう》の母」だ。

「落合監督《おちあいかんとく》には言えないような弱音や迷《まよ》いも、土田《つちだ》コーチには全部話せました。わたしがつけていた『柔道《じゅうどう》ノート』は、土田《つちだ》コーチとの交かん日記のような役割《やくわり》もありました。苦《くる》しいとか、つらいとかいう、後ろ向きの気持ちも、『柔道《じゅうどう》ノート』にはいっぱい書きました。そんなわたしの思いを読んで、土田《つちだ》コーチは一つずつ返事を書いてくれました」

当時の『柔道《じゅうどう》ノート』を開くと、そこに赤いボールペンの文字がたくさん並《なら》んでいる。大きくて、ていねいで、温かみのある文字だ。

「いい字でしょう?」と友子が言った。

「文字は書いた本人の人柄《ひとがら》をあらわすと言うけれど、本当のことだと思います。土田《つちだ》コーチはこの文字のとおり、心が広くて温かくて、まっすぐな人。落合監督《おちあいかんとく》のかげにまわって、わたしたちをささえてくれました。『えんの下の力持ち』という言葉がピッタリです」

土田《つちだ》コーチは落合監督《おちあいかんとく》の一番弟子《いちばんでし》だ。高校時代に柔道部《じゅうどうぶ》で落合監督《おちあいかんとく》と出会い、その教えをうけて成長《せいちょう》した。そして、教師《きょうし》になってふたたび師《し》のもとに帰ってきた。落合監督《おちあいかんとく》の考えかたや性格《せいかく》を知りつくしている彼女《かのじょ》だからこそ、部員たちのなやみを理解《りかい》できるし、的確《てきかく》なアドバイスもできる。

中学・高校と、友子は柔道《じゅうどう》の技術的《ぎじゅつてき》な面では落合監督《おちあいかんとく》に教えをうけ、精神的《せいしんてき》な面では土田《つちだ》コーチにささえられることが多かった。どちらか一人がいなかったら、「柔道家《じゅうどうか》」としての今の友子はいなかった。

ともに戦《たたか》ってきた同志《どうし》たち

友子は仲間《なかま》たちにもたくさんたすけられてきた。たとえば、高校時代のスランプのときだ。長く勝てない試合《しあい》が続《つづ》いて、がっくりときていた友子は団体戦《だんたいせん》に参《さん》加《か》することで、少しずつ「勝つ」という感覚《かんかく》をとりもどしていった。

高校では柔道《じゅうどう》にも団体戦《だんたいせん》がある。軽量級《けいりょうきゅう》・中量級《ちゅうりょうきゅう》・重量級《じゅうりょうきゅう》の三人一組でチームになって戦《たたか》うのだ。三人のうち二人が勝ったチームが勝利《しょうり》となる。友子は軽量級《けいりょうきゅう》のメンバーとして団体戦《だんたいせん》に参加《さんか》した。スランプで勝てない友子に代わって、のこりの二人が勝って帰ってきてくれた。そうすると、チームとしての勝利《しょうり》を味わうことができる。友子のチームは高3のとき、全国高等学校総合体育大会《ぜんこくこうとうがっこうそうごうたいいくたいかい》（インターハイ）や国民体育大会《こくみんたいいくたいかい》（国体《こくたい》）で優勝《ゆうしょう》している。

「団体戦《だんたいせん》で勝つことで、柔道《じゅうどう》の楽しさをあらためて知ることができました。それで気持ちも、うきあがってきました。自分一人で戦《たたか》うより、みんなで戦《たたか》って勝ったときのほうが数倍うれしいんですよ！　それに、〝チームのため〟と思うと、自分の力以上《いじょう》のものが出せるのです」

　個人戦《こじんせん》は、自分でやったことが自分にそのまま返ってきてしまう。だから、負けるとにげ場がない。しかし、団体戦《だんたいせん》ではみんなのがんばりが何倍にもなって、それぞれに返ってくるのだ。

　ロンドンオリンピックで友子が負けたときも、そうだった。

　後日の試合《しあい》で松本選手《まつもとせんしゅ》や杉本選手《すぎもとせんしゅ》がメダルを持ち帰ったことで、友子は「救《すく》われた」と話している。同志《どうし》として戦《たたか》ってきた仲間《なかま》たちの勝利《しょうり》は、友子にとっても勝利《しょうり》だったのだ。

きびしかった合宿を何度もいっしょに乗りこえた仲間《なかま》だからこそ、家族のような「きずな」がうまれた。友子は「この仲間《なかま》でよかった」と心から思っている。

応援《おうえん》してくれるみんな

最後《さいご》に、わすれてはいけない大切な人たちがいる。それは……応援《おうえん》してくれる人々。

試合《しあい》の会場では応援《おうえん》がとても大きな力になる。

「たかが応援《おうえん》と思うかもしれません。でも、それが選手《せんしゅ》にとっては、すごく力になります。柔道《じゅうどう》はたたみの上にあがってしまったら、たよれるのは自分しかいません。とてもこどくです。そんなとき、応援《おうえん》があると強く背中《せなか》をおされているようで、勇気《ゆうき》がわいてくるのです」

友子は多くの人たちの応援《おうえん》に感謝《かんしゃ》している。そして、いつまでも応援《おうえん》してもらえる強い自分でありたいと思っている。

終章

今、できることはありますか?

いろんなことにチャレンジしよう

柔道《じゅうどう》はとてもおくの深いスポーツです。いろいろな楽しみかたがあります。だから、**柔道《じゅうどう》をとおしていろんな経験《けいけん》をしてください。**そして、たくさんのことを学んでください。

道場に行くと、たくさんの練習生がいます。その子たちとなかよくなって、競《きそ》いあったり、おたがいにしげきしあったりしてください。また、柔道《じゅうどう》をやっていると、そのうちかべにあたります。でも、そこであきらめずに、自分の力をつくしてください。たたみに投げられて、痛《いた》い思いやくるしい思いをすることもあるでしょう。そこから人の痛《いた》みを知り、相手をうやまう気持ちを知ってください。

勝ち負けだけではない、もっと大切な何かを、柔道《じゅうどう》をとおして学んでほしいと思います。柔道《じゅうどう》は人間を知り、人生を学ぶ〝きっかけ〟でいいのです。

10代というのは、心が一番やわらかくて、体もグンと大きくなる時期です。いろんなことがスポンジのように吸収《きゅうしゅう》できます。わたしも10代のころが一番、柔道《じゅうどう》でのびた時代でした。練習したらしただけ、確実《かくじつ》に強くなれました。だから、みんなにも今のときをいいかげんにすごしてほしくないのです。

柔道《じゅうどう》でも柔道《じゅうどう》以外《いがい》でも、興味《きょうみ》のあることはどんどんやって、自分の世界を広げていってもらえたらと思います。

地面に一つだけ種《たね》をまくと、一本だけ芽《め》が出ます。その芽《め》がもし病気になったり、風でたおれたり、虫に食われたりしたら、実は一つもできません。でも、たくさんの種《たね》をまいておけば、たくさんの芽《め》が出ます。病気がはやっても、強い風がふいても、虫がやって来ても、その全部がダメになることはないでしょう。

人生での経験《けいけん》も同じです。いろんなことを経験《けいけん》しておけば、それだけたくさんの実がなります。そして、種《たね》も手に入ります。その種《たね》をまけば、また新しい実ができて、種《たね》ができます。

そうやってどんどん種《たね》をまき、毎日をゆたかにしていってほしいと思います。

人を思いやり、大切にしよう

わたしは柔道《じゅうどう》をするうえで、一番大切なことは「相手をうやまう気持ち」だと思っています。**相手がいるから成長《せいちょう》できるのです。**

相手が柔道《じゅうどう》を始めたばかりの小さな子どもでも、わたしは何かを教わるつもりで向きあいます。

すると、柔道《じゅうどう》に対するじゅんすいでひたむきな気持ちを思い出します。また、小さな体で強い敵《てき》に向かっていく勇気《ゆうき》に気づかせてもらえます。

これは、柔道《じゅうどう》以外《いがい》の場面でも同じです。たとえば、人と話すとき、相手のいいところを見つけるつもりで話を聞きます。「しっかり目を見て話す人だな」とか、「口数は少なくても、ひと言ひと言を大切にしゃべる人だな」、「すてきな言葉だな」というふうに気がつけば、それは一つ自分にとってプラスになります。

相手から何かを学びとるか、それとも「何もプラスになることがなかった」と思うかは、自分の心次第だと思います。相手のいいところを見つけよう、それを自分もまねしてみようという姿勢《しせい》でいれば、「何も得《え》るものがない」ということにはならないと思うのです。

相手が自分を成長《せいちょう》させてくれる人だと思えば、その存在《そんざい》がとてもありがたいものに思えます。すると、自然《しぜん》に頭がさがります。「礼」というのは、〝させられるもの〟ではありません。〝自然《しぜん》にしてしまうもの〟です。

いつでも、だれにでも、心から頭をさげられる人間でありたいと、わたし自身も思います。

同じ目的《もくてき》に向かっていく仲間《なかま》を見つけよう

わたしが柔道《じゅうどう》をとおして得《え》たもので、もっとも大きいものが「仲間《なかま》」です。

柔道《じゅうどう》は一人で敵《てき》に向かっていかなくてはなりません。たたみの上では「一人きりのこどくな戦《たたか》い」が待っています。

人間というのは弱いので、自分のために戦《たたか》っていると、強い敵《てき》がいたときに心が折《お》れたり、あきらめたりしてしまいがちです。でも、仲間《なかま》のためにと思って戦《たたか》うと、自分が思っている以上《いじょう》の力が出ます。**一人ぼっちの人間より、仲間《なかま》をもつ人間のほうが、絶対《ぜったい》に強くなれます。**

また、くじけそうになったとき、ささえてくれるのも仲間《なかま》です。同じ道のりを一人で歩くと長く感じますが、友だちとおしゃべりしながら歩いていると短く感じます。苦労《くろう》も悲しみも、そばに仲間《なかま》がいてくれれば、半分に減《へ》ります。逆《ぎゃく》に、うれしいことや楽しいことは、仲間《なかま》がいると倍になります。一人で食べると味気なく感じた料理《りょうり》が、仲間《なかま》といっしょに食べるとおいしく感じるのと同じです。

柔道《じゅうどう》は、一生つきあえる仲間《なかま》と出会えるチャンスです。同じ目的《もくてき》に向かって歩んでいける「同志《どうし》」を、ぜひ見つけてください。

好《す》きという気持ちを大事にしよう

わたしが柔道家《じゅうどうか》として誇《ほこ》れることは、「柔道《じゅうどう》が好《す》きだ」という気持ちです。これだけは、絶対《ぜったい》だれにも負けない自信《じしん》があります。

わたしのこれまでの柔道人生《じゅうどうじんせい》は、ほかの人から見るととてもくるしくて、つらいことばかりに見えるようです。

谷選手《たにせんしゅ》に勝ってまいあがってしまい、スランプにおちいったこと。

ふたたび谷選手《たにせんしゅ》に勝ちながら、オリンピック代表に落選《らくせん》したこと。

4年後のオリンピック代表争《あらそ》いで、がけっぷちに立たされたこと。

金メダル確実《かくじつ》といわれながら、オリンピックで負けたこと。

たしかに、こうやって並《なら》べてみると、くるしくてつらいことがいっぱいありました。20年柔道《じゅうどう》をやってきて、もしかしたら半分以上《はんぶんいじょう》、なやんでいたかもしれません。もしも、わたしが柔道《じゅうどう》をとちゅうで投げだしていても、だれも責《せ》めなかったでしょう。

でも、わたしはにげずに、ここにいます。「柔道《じゅうどう》が好《す》き」という気持ちがあったから、たたみの上に立ち続《つづ》けてこられたと思います。

「柔道《じゅうどう》が好《す》き」という気持ちを具体的《ぐたいてき》に説明《せつめい》するのはむずかしいですが、たとえば、こんな感じです。

柔道着《じゅうどうぎ》はたたみですり切《き》れないように、ごわごわと厚《あつ》い

わたしにとって、柔道着《じゅうどうぎ》はなくてはならない体の一部です。着なれた道着を身につけると、その香《かお》りで落ちつきます。帯をキュッとしめると気持ちがピシッとします。

柔道場《じゅうどうじょう》は自分を一番自由に表現《ひょうげん》できる場所です。たたみの上に、はだしで立つ感覚《かんかく》が好《す》きです。

練習が休みのとき、わたしは一人で柔道場《じゅうどうじょう》に行くことがあります。シンと静《しず》かで、神聖《しんせい》な気持ちがします。ちょっと神社やお寺に行ったときのふんいきに似ている気がします。

そして、たたみの上に大の字に寝転《ねころ》がって、目をつむります。とてもなつかしい気持ちがして、ポッと心のおくが温かくなります。気づいたら、そのまま眠《ねむ》っていることもあります。

道場はそれくらい、わたしにとって気持ちのいい場所なのです。よく「母親のふところにつつまれるよう」と言いますが、それと近いかもしれません。

だから、つらいことがあっても、帰って来たくなるのだと思います。

柔道《じゅうどう》をやり始めると、わたしは「一心不乱《いっしんふらん》」というくらいに集中します。目の前の相手をどうやってたおすか、それしか頭のなかにありません。そうすると、柔道《じゅうどう》をやっている間だけは、いやなこともわすれられます。それで、わたしはつらいことがあると、余計《よけい》に柔道《じゅうどう》がしたくなるのだと思います。

27年生きてきたうちの約《やく》20年間を柔道《じゅうどう》だけやってきました。だから、もう柔道《じゅうどう》が人生そのものになっています。「明日から一生、柔道《じゅうどう》をしてはいけません」と神様に言われたら、絶対《ぜったい》に泣《な》きます。自分が自分でいられなくなるのにたえられません。

この本を読んでくれたみんなが、わたしにとっての「柔道《じゅうどう》」のような存在《そんざい》に出会ってくれたらうれしいです。

好《す》きだと思えるものに出会えたら、それを大切にしてください。そして、決して手ばなすことのないように。大切に育てていけば、きっとかけがえのないたからものになります。

人より少しだけ多くがんばろう

人より強くなるには、人よりたくさん練習をすることです。ふだんの練習が終わった後、自分で５分だけ多く練習をしてみてください。

たった５分の練習でも、10回やったら50分です。１００回やったら５００分です。１年間続《つづ》けたら約《やく》１８００分、つまり30時間もの差《さ》になります。

「あの子より５分多くがんばった」ということが、本番での自信《じしん》になります。じっさいに、わたしは学生時代、プラス５分の練習をずっと続《つづ》けてきました。それが試合《しあい》のときに「だれよりも練習しているはずだから、だいじょうぶ」という自信《じしん》につながり、どうどうと戦《たたか》えた経験《けいけん》があります。

これは柔道《じゅうどう》にかぎらず、勉強にもいえることです。「1時間勉強をする」と決めたら、1時間たった後に、もう5分だけ教科書を読んだり、ドリルをやったりしてみてください。きっと次のテストのときにちがいを感じるはずです。

プラス5分のちがいを感じたら、しめたものです。その達成感《たっせいかん》がくせになって、やめられなくなります。そこから先は、プラス5分をあたり前のこととして、続《つづ》けていけるようになります。

あきらめずに続《つづ》けよう

練習をまじめにやっているのに勝てないとき、勉強しているのに成績《せいせき》があがらないときなど、「自分のやっていることはムダなんじゃないか」と不安《ふあん》になります。ゼロにいくら大きな数字をかけてもゼロにしかならないように、むだな努力《どりょく》ならしてもしなくても同じなのではないかと思ったりします。そして、たいていの人は「だったら、やめてしまおうか」とあきらめてしまいます。

でも、**練習や勉強は、いつかきっと実をむすぶときがきます。だから、あきらめないでやり続《つづ》けてほしいのです。**

「練習はウソをつかない」とは、わたしが落合監督《おちあいかんとく》からずっと言われてきた言葉です。練習したことは必《かなら》ず自分の身になるし、努力《どりょく》は必《かなら》ず何かのかたちで自分のもとに返ってくるという意味です。

今日がんばったからといって、明日その成果《せいか》が出るとはかぎりません。もしかしたら結果《けっか》が出るのは、ずっと先かもしれません。それでも、いつかきっと自分の役に立つときがやってきます。がんばったことは決してむだにはなりません。

練習するのがつらくなったら、「明日の自分のため」、「未来《みらい》の自分のため」と思うといいと思います。

練習や勉強をしないでいたら、今日の自分と明日の自分は同じです。いいえ、なまけた分、体や頭がなまって、ダメになっているかもしれません。でも、少しでもやれば、その分だけ明日はちがう自分になれます。それを積《つ》み重ねていけば、気づいたときにはすごく大きな自分になっているはずです。

負けから学ぼう

わたしはよく人から「あなたは試練《しれん》の人だね」、「ざせつを味わった悲運の人だね」と言われます。でも、わたし自身はちょっとちがう気がしています。

わたしは自分に起こる試練《しれん》やざせつは、すべて「課題《かだい》」だと思っています。

たとえば、スランプで勝てなかったときはとてもつらかったです。でも、そこからぬけ出したときにふり返ってみると、学ぶことがたくさんありました。

先生や家族や仲間《なかま》のありがたさがわかったこと。

自分の弱さに気づけたこと。

柔道《じゅうどう》が好《す》きだという気持ちをあらためて感じたこと。

そういうことをわたしに気づかせるために、あえて試練《しれん》やざせつが起こったのではないかと感じるようになりました。

負けるということは、自分に何かがたりないということです。そのたりない何かに気づいて乗りこえたとき、わたしは一つ階段《かいだん》をのぼれます。だから、**試練《しれん》やざせつは成長《せいちょう》のチャンスなのです。**

そうやって考えると、試練《しれん》やざせつに感謝《かんしゃ》しなくてはいけない気がしてきます。

「わたしのために起こってくれてありがとう」と。

みんなもくるしいかべにぶちあたったら、「これは成長《せいちょう》するチャンスだ」とよろこんでください。かべは高ければ高いほど、厚《あつ》ければ厚《あつ》いほど、突破《とっぱ》したときに強くなれます。ゲームでも、ザコの魔物《まもの》をたおすより、強いボスをたおしたほうが経験値《けいけんち》がたくさんもらえるではないですか！　それと同じです。

夢《ゆめ》はかなうと信《しん》じよう

最後《さいご》に、わたしが大切にしている言葉をみんなにおくります。

「意志《いし》あるところに道がある」

これは、強い思いがあれば必《かなら》ず道はひらけるという意味です。

この言葉は、高校の先輩《せんぱい》でもある塚田真希選手《つかだまきせんしゅ》からおくられたものです。塚田《つかだ》先輩《せんぱい》には、これまで何度も相談にのっていただき、いろんなことを教えていただきました。

わたしがオリンピックの代表選《だいひょうえら》びでがけっぷちに立たされたときも、何かためになるメッセージをおくってあげたいと考えてくださったようです。それで、はがきに自分で絵をかいて、この言葉をそえてプレゼントしてくださいました。絵手紙には、英語《えいご》で、

「Where《ウェア》 there's《ゼアーズ》 a《ア》 will《ウィル》, there's《ゼアーズ》 a《ア》 way《ウェイ》」

と書かれていました。

この言葉の意味を知ったとき、わたしのなかで「これだ」というカンが働《はたら》きました。今の自分にピッタリの言葉と出会ったと思ったのです。わたしのくるしみをよく知る塚田先輩《つかだせんぱい》だからこそ、この言葉を選《えら》んでくださったと思います。それ以来《いらい》、大切にしています。

うまくいかないことがあっても、くじけない。

なかなか光が見えなくても、続《つづ》けていく。

夢《ゆめ》をあきらめないで、一生けんめいに力をつくす。

きっと道はひらけると信《しん》じて、前を見る。

それが大事だと、この言葉は教えてくれています。

大切なのは、「きっと自分は成《な》しとげられる」と信《しん》じる心なのだと、わたしは思っています。

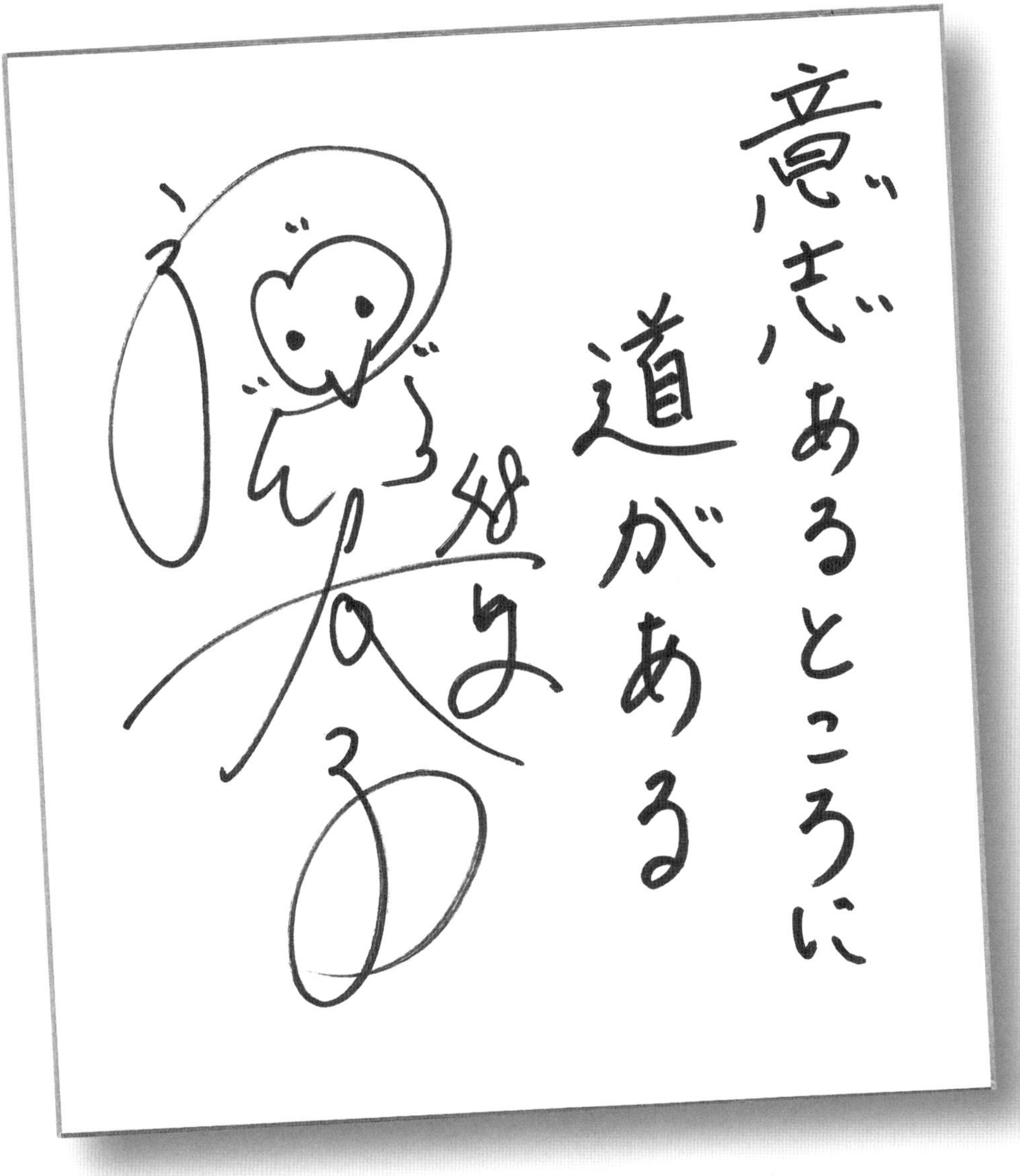
意志あるところに
道がある

福見友子（ふくみ・ともこ）

1985年、茨城県に生まれる。土浦日本大学高等学校、筑波大学卒業。筑波大学大学院修了、了徳寺学園在職中（現在、了徳寺学園職員）。８歳から柔道を始め、得意技は背負い投げ、小内刈り、寝技。国際柔道連盟の世界ランキングは２位（2012）。高校２年生のとき、全日本選抜柔道体重別選手権大会48kg級で谷亮子（旧姓、田村）選手と初対決。2007年にも対戦し、谷亮子から２度勝利した唯一の選手として一躍注目を集める。2012年、ロンドンオリンピック出場。

取材協力●筑波大学

写真提供●株式会社アマナイメージズ
株式会社フォート・キシモト

参考資料●Tarzan（マガジンハウス）
女性セブン（小学館）
週刊新潮（新潮社）
週刊朝日（朝日新聞出版）
Number（文藝春秋）
ホームメイト　柔道チャンネルHP
公益財団法人　全日本柔道連盟HP

編集制作……………ナイスク　http://naisg.com
（松尾里央　岸 正章　大熊静香）
編集協力……………松本理恵子
浅野智子
撮影…………………矢野寿明

ブックデザイン……ごぼうデザイン事務所
DTP…………………エルグ

スポーツが教えてくれたこと・5

戦いをあきらめない

2013年 3 月　初版
2015年 3 月　第2刷

監修者　福見友子
発行者　岡本光晴
発行所　株式会社あかね書房
〒101-0065　東京都千代田区西神田3-2-1
電話　03-3263-0641（営業部）
03-3263-0644（出版部）
http://www.akaneshobo.co.jp
印刷所　錦明印刷株式会社
製本所　株式会社難波製本

NDC916 164P 20cm
ISBN978-4-251-08285-5

失敗も成功も力

スポーツ選手《せんしゅ》たちの本当にあった感動の物語

スーパースターがみんなの質問《しつもん》にこたえる!

スポーツが教えてくれたこと

❶ 野球●内海《うつみ》哲也《てつや》
エースの誇《ほこ》りと責任《せきにん》

だれもが認《みと》める巨人《きょじん》のエース内海。彼《かれ》があこがれのユニフォームを着て「柱」になるまでの戦《たたか》いの日々《ひび》と野球の魅力《みりょく》を伝《つた》える。

❷ サッカー●中村《なかむら》憲剛《けんご》
心をつなぐボール

5年連続《れんぞく》ベストイレブンにかがやいた憲剛。フロンターレ司令《しれい》塔《とう》の努力《どりょく》とは、そしてサッカーの楽しさとは。

❸ 水泳●入江《いりえ》陵介《りょうすけ》
夢《ゆめ》に向かって泳ぎきれ

努力《どりょく》する天才、陵介は物心ついたときには水に親しんでいた。ロンドンオリンピックまでの半生に水泳の魅力《みりょく》を学ぼう。

❹ 体操《たいそう》●田中《たなか》和仁《かずひと》
明日はもっと強く、美しく

オリンピック初参加《はつさんか》にして主将《しゅしょう》に選《えら》ばれた和仁。彼《かれ》が歩んできた体操《たいそう》の世界を家族やチームの話とあわせて紹介《しょうかい》する。

❺ 柔道《じゅうどう》●福見《ふくみ》友子《ともこ》
戦《たたか》いをあきらめない

ロンドンオリンピック代表選手《だいひょうせんしゅ》の友子。スポーツ万能《ばんのう》だった彼《かの》女《じょ》がどうして「柔《やわら》の道」を歩んだのか、すべてを明かす。